日本史話——近古篇

汪公紀・著

序

本卷史話所涵蓋的時代，是由十六世紀後半，到十七世紀的初期。短短的五六十年中，作者將織田信長、豐臣秀吉、德川家康三雄的興亡，做了有系統的敘說。因此占了主要的篇幅。織田、豐臣、德川三雄在有生之年內，將根深柢固的封建割據局面擊破，促成了日本的一統，完成了艱巨的事業，這一貢獻是難以抹殺的。而他們三雄之間的關係，也十分奇特，亦友、亦臣、亦敵。年齡相彷彿，差別不到十歲，性格卻迥異，命運與結局更十分懸殊。

織田憑他的智勇，開創了統一的基礎，豐臣完成了織田未竟之業，卻興起了大規模的侵略戰爭，七年之間使得明廷疲於奔命，證明了日本民族好戰的根性。德川成立了幕府，制訂所需的法度，限定了天皇的職掌是專作學問，於是天皇只能埋首讀書作詩作歌，成爲文謅謅的空頭元首，卻符合了民主政體的要求。

當時日本已經到了受西方文化影響的階段，基督教的勢力，隨著貿易進入國內。雖然幕府嚴禁基督教流傳，仍無法徹底根除，不得已只好採取鎖國政策。日本好像「冬眠」，昏睡了將近三百年。

寫歷史不是寫小說，無從有高潮，也無法有羅曼史，在沒有歪曲史實的原則下，寫一本具可讀性的歷史，可以看得出著者的苦心了。

任永溫

目次

分久必合

日本東海肥腴的盆地「尾張」，北鄰「美濃」，東連「三河」，西接「伊勢」，是關東到京都必經之地。自從應永年間（西曆十五世紀初），尾張就由斯波氏的子孫世襲為守護，不過斯波氏同時兼任京中要職，不能長期留駐在地方上，不得不另請能人代理主持一切，因此登用了世代以照顧神社為業的織田常昌為執事，從此織田氏便也世襲為臣替斯波氏統治尾張。年深日久之後，織田氏的勢力凌駕在斯波之上，取斯波的地位而代之了。

天文三年（西曆一五三四年），織田信長生，幼時不像是個很有出息的孩子，呆頭呆腦，被人喚作傻瓜，其實他那粗獷莽撞、滿不在乎不修邊幅的外貌，隱藏著過人的智慧。

天文年間是個血腥時代，到處爭奪戰鬥。死亡絕滅，無時無之。為了生存，當時的諸侯最流行的自保手段，除了聯姻，以子女互換為質之外別無善法，何況這種為質與姻戚關係，並不可靠，一旦利害衝突時，子女都可以犧牲，在一瞬間便能翻臉，並不能保證友誼的長存。

信長的父親信秀，是個英秀幹才。爲了因應尾張虎視眈眈的四鄰，除了仍然不能不藉聯姻來增加自己的聲勢之外，只有加緊戰備，擺出侵略別人的態勢，以攻爲守了。

尾張的鄰國之中，最強盛的是駿河的今川義元。駿河歷年來都是由今川家世襲爲主，北條早雲微時，曾經寄食今川家爲臣，替今川家平過亂因而起家，是北條早雲輔佐過義元的父親重振駿河的威望，並且結爲同盟，義元有北條氏爲奥援，誰都要讓他三分。織田信秀卻是他的對頭。

以攻爲守的信秀，在天文十六年，率領了大軍進攻最弱的鄰國三河，三河貼近駿河，如果被駿河所呑併，尾張便有被包圍之虞，信秀乘三河的守護新喪之時，先下手爲強，不容他的對頭今川義元來占便宜。

三河的新守護松平廣忠不得已只好向駿河求援，今川義元承襲了先人的餘蔭，有北條氏爲盟友，更占盡了地形的便利，接近京畿，有匡佐皇室、稱霸諸侯的條件，可以說在當時戰國武將之中，是最幸運的一人，義元本人也頗自負，不論是越後的上杉謙信，或是甲斐的武田信玄，都沒有他這樣優越的本錢。他接到松平廣忠的求援書後大喜，天授他一個開疆拓地的機會，立刻應允出兵，不過要求松平遣子爲質，松平於是將他的兒子，這時才只有六歲的竹千代，派了兵丁由三河護送到駿河去，不料行至中途，被歹徒劫持而去，由海路到了尾張，以「錢五百貫文」，賣給了信秀。信秀立刻送了封信給松平：「令郎現在敝處，公宜與今川絕，而來從我，不然者將不利於令郎。」

這封簡短脅迫口吻的條子，沒有嚇倒松平，他覆文如下（根據《日本外史》）：

欲殺即殺，吾曷以一子故，失信鄰國。

信秀得到覆書，喟然嘆道：「松平不愧爲名將！」他沒有殺這六歲的竹千代，將他囚禁在天王坊，如果殺了，日本歷史就要重寫，這六歲的孩子，就是後來開創近三百年江戶幕府的德川家康。

兩年後松平廣忠忽然以二十四歲的英年病逝，三河完全垮了。由駿河來援的今川義元的部隊，這時接管了全境，乘勢進擊織田，包圍了尾張的一個小城「安祥」。守將是信秀的長子，他不戰而降。信秀賠了兒子又折兵，壯志全消，這時他面對的不是三河的松平廣忠，而是強大的駿河今川義元。信秀知難而退，願意將五百貫文買來的竹千代，和自己的降子交換，雙方罷兵，結束這場無謂的戰爭。可憐的是松平廣忠，身死、國破、家亡、妻離、子俘。妻改適他人，而子竹千代由天王坊的牢獄中轉到了駿河，雖然脫離囚犯生活，但成爲無依的孤兒，幸而今川義元還算念舊，收留他當了食客，這時他八歲。

信秀懊喪之餘，不久也一命嗚呼了。

織田信秀死後，諸子爭立，幾年犀利的自相殘殺之後，剩下來的優勝者是信長。論者多認為他殺自己的手足，心太狠。不過在這我不殺人人必殺我的時代中，殺人是自衛，多半是出於不得已，不足深怪。他統一了尾張之後，雄心勃勃的年輕人，更想去統一被群雄割據了的日本。這時除了前述幾位英傑之外，在越前有朝倉氏，在近江有淺井氏，在美濃有齋藤氏。遠一點，有大內氏、尼子氏、毛利氏、長曾我部氏等等，都雄峙一方。更遠在九州還有島津氏，也獨自稱霸。

想要征服以上諸氏，信長先從觀光京都開始。永祿二年（西曆一四四九年）的二月，信長輕車簡從到了京都，拜謁了大將軍足利義輝，參觀了奈良和堺港之後歸國，這趟旅行，增加了他的信心，認為天下唾手可得了。

織田信長有野心，今川義元同樣也有野心，當時的強豪，人人此心，最高目的是西上京都，挾天子以令諸侯。而凡是得地利之便的人希望就更大。

在織田攻三河之役中，最得利的是今川，今川奄有了駿河、三河兩大領域，已經鄰近了京畿。倘若他再能吞滅了小小的尾張，心臟地區，中部日本便全落在他掌中，他焉能不垂涎。

歲月如流，三河之役已是十年前的事了，竹千代已經長大成人，他在今川陣營之中，很守本分，雖然三河的父老舊臣眷念故主，希望他能早日復國，但他謹守作客的身分，甘受僚屬的待遇，聽候今川的調度。在義理上他承繼亡父松平廣忠之後是三河之君，也是今川的盟國之主，今川由於他年幼，一時代攝政務，他成年之後原該歸還大權，由他自理，不過今川貪婪，把持著不肯交出。

到了永祿元年在尾張起了騷動，多年前被尾張所侵占了的三河城鎮，不滿織田信長的統治，紛紛企圖脫離，今川認爲機不可失，但自己不便出面，最順理成章的方法是由竹千代以故主的身分去勸降，竹千代很順利地達成使命，但他並沒有因此居功而有所要求，今川大喜，擢升他爲帳下部將，竹千代這時更名爲松平元康。

今川義元和織田信長之間，不斷地有戰鬥，織田用反間計，誘使今川殺了他幾員猛將，讓他自壞了長城，今川發覺中計之後，怒極，於是在永祿三年，發動了駿河、遠江、三河四萬五千名大軍，親自來攻尾張。

信長和今川早就交過手，在天文二十三年，今川率眾進犯尾張的小川城時，信長聞訊，由熱田趕來，在暴風雨中奇襲，殺得今川大敗，有過經驗的今川，這次不敢輕進。

五月十七日今川的先鋒攻進尾張的愛知郡，十八日今川義元本人也到達，然後再挺進，由先鋒指向「鳴海」城，松平元康奉今川之命護送糧草進屯到大高城，元康在十九日的拂曉攻入丸根城，殺死守將，同時先鋒隊也攻克了鷲津城，今川的大軍連克兩大要點士氣大振，今川義元於是進據「田樂狹間」，安營紮寨。田樂狹間是個安靜的山谷。

信長接到情報，大會群臣計議，他手下將佐勸他：「敵眾垂五萬，而我兵不過三千，宜避其來銳，據本城待之。」尾張的本城清洲，是個彈丸之地，怎麼能擋得了將近五萬大軍的圍困，這原是下策，勇猛的信長當然不肯採用，他說：「先君有言，鄰國之來犯，苟有遲疑，我將士且變志，當亟出迎戰，原不敢背先君之教，明日將一戰決勝敗！」

於是拿酒來，大家痛飲，一直喝到天亮，信長這時起舞，邊舞邊唱道：

人世五十年，乃如夢與幻；有生斯有死，壯士何所憾！

舞完便披甲上馬，單騎舉鞭而出。他的從將十餘人跟了他去，到熱田廟前已經集攏來千餘騎了，他一馬當先，邊進就邊有兵將來集，接近戰區時，遙望東方，火光燭天，他屬下兩處城池喊殺震耳，信長策馬疾馳，跟他來的將佐見他猛進，急忙扣馬攔阻，勸他不必往救，敵眾我寡，很容易被他們消滅。「我怎麼會這樣傻！」信長厲聲說：「現在他們正打得起勁，一方面要運糧草，一方面要攻城，他們的兵已經疲極，今川乘勝而驕，不會防我忽然來襲，我軍出其不意，可以一戰而擒！」他的將佐們恍然大悟，於是偃旗息鼓，銜枚疾走，繞循山路直撲田樂狹間，這時天空忽然一片昏黑，雷雨交加。信長在山巔狂風暴雨中遙見今川義元的大營，就紮在山腳下，他原想下馬去肉搏，他的部將說：「不如騎而突之！」信長說：「善！」他立刻上馬挺槍，直馳而下，衝進敵營，敵軍措手不及，登時大亂。今川義元正與二三幕僚飲酒取樂，等候捷報，大雷雨中，也沒有注意到人聲嘈雜，信長的部將衝進他營中，義元大驚拔刀斫傷來將，但另一將長槍刺來，刺中他要害，斬了他頭，拎了出來，駿河軍見主將已死，登時四散潰竄。這一仗信長打得漂亮。他以寡敵眾，殺了他的勁敵今川義元。時為永祿三年正月十九日的午時，西曆一五六〇年。織田信長這時二十七歲。

大勝之後，信長的聲譽鵲起，「尾張」，這沒沒無聞的小國，登時震撼了四鄰，甚至連京都風聞到信長的勇武，都引領遙望盼他能來匡助。

今川義元死後，駿河由他兒子氏眞繼任，氏眞無大志，是個貪玩無能的大少爺，除了酒色之外，還愛鬥雞、鬥犬，對於殺父之仇，忘得乾乾淨淨，毫無報復之意。信長在東面的勁敵已不足憂，不過爲了保證安全，他還是聯合了三河的松平元康，結爲兒女親家，訂了盟約。

松平元康這時已經十九歲，今川義元被殺後，元康好不容易脫離了羈絆，經過十三年的歲月，回到了他父祖辛苦經營的故鄉三河，最幸運的是，他父祖留下的老臣忠忠誠誠地等著他、擁戴他。他在今川氏陣營裡的時候，並沒有被重視，雖然屢建戰功，也沒有受到過殊賞，一直是以一個食客的身分安居在駿河，有千般任務，而無一點自由，現在算是解放了。他決心與今川氏斷絕關係，和織田信長做了盟友。從此他又改名，由今川義元的名字裡取到的元字改掉，換成家字，索性連姓也換了，松平改爲德川，松平元康變成德川家康。

信長與德川家康結盟之後，已無後顧之憂，他放心向西拓地。和他接壤的西鄰，就是他丈人的領地美濃。他丈人齋藤秀龍是個譎詐多疑極富心機的人，出身微賤，由於幾次背叛他的主上，賺到了不少利益，篡奪的結果，成爲美濃地方的強人。二十多年前信長的父親信秀和齋藤之間打過幾次仗，互有勝負，結果雙方講和，結爲兒女親家，齋藤有女很美，名叫濃姬，許配了給信長爲妻，信長那時已經二十歲，有名的舉止粗野，落拓不羈，在許婚之前，老丈人放心不下，想先看看這位東床到底是個什麼樣子，約定在尾張的富田小鎭裡的正德寺會面。齋藤早就到場夾雜在看熱鬧的人群之中，等候信長到來。信長如期而至，只見他一頭蓬鬆亂髮，衣著奇特，腰繫繩索，虎皮豹革橫一塊豎一塊披了滿身，大踏步走進廟宇之後，便到屏風後換裝，不一刻又轉了出來，這時他整了裝瀟灑飄逸，容光煥發，判若兩人，昂然地不與周圍眾賓客爲禮，直入大廳內，占據了上席而坐。他丈人進來時，他也不理，經人介紹後，他叫道：「您怎麼這麼像那雜在人群裡看熱鬧的老頭兒！」足見得他觀察入微，連看熱鬧的群眾都沒有放過。翁婿二人談得十分投機，酒宴過後老齋藤自送信長數里，依依不捨。《外史》記道：

既別，目送久之，曰、吁乎，美濃一國，吾終不得不爲之贄幣也。

老齋藤果然預料得一點也沒有錯，爲了招這個女婿，整個美濃會像妝奩一樣，賠了過去。

老齋藤防他的女婿，不能算不緊，他有兩員大將替他保衛疆土，信長奈何他們不得，不過信長卻另有辦法，他是慣用反間計的人。於是每夜偷偷起床，天曙再悄悄回來，濃姬（他夫人）焉有不起疑而加以查詢的。最初他支吾其辭，被追迫得緊時，才好像不得已地吐露眞言，並且再三囑咐他妻不得洩漏，說是老齋藤部下那兩員大將已向他投誠，並且預備殺了她爹之後，舉火爲號，因此他必須每夜起來觀看有沒有火光。濃姬聽罷大驚，但怎麼能不去暗暗通知她爹！結果本已多疑的齋藤，上了當，把這兩員大將殺了。老齋藤除了不該殺他的大將，更不該溺愛他的少子。長子吃了醋，居然弒父殺弟，不久自己也得了癩病而亡。美濃就這樣輕輕易易地眞成了濃姬的嫁妝，到了信長手裡。

美濃入了信長懷抱之後，他西進的願望又跨進了一大步。永祿十年出乎他意料之外，京都向他伸出一隻手來。

貧窮的皇室，這時眞是無以爲炊了。幕府早已自身難保，誰還能照顧皇室的死活。毫無收入的皇室只能向好心的英豪求些施捨，上杉謙信曾經屢次慨然接濟過，但他領地遼遠交通不便，無從源源供應。皇室的窮困日甚一日了。

天皇的左右聽到信長勇武，「能以少摧眾」，「是個絕世之才」，於是向天皇進言，密頒綸音，囑咐信長撥亂反正。天皇躊躇再三，終於派了特使到尾張，傳達聖意。信長那天正罷獵歸來，意外地接到欽使，令他驚喜萬狀，他立刻召集了心腹將領，共議西上勤王。諸將之中有個其貌不揚、像個猢猻的年輕人，名木下秀吉。從此秀吉就飛躍了起來。

趨向統一之路

木下藤吉郎在天文六年（西曆一五三七年）生。父彌右衛門，在織田家當一名足輕（走卒），負傷而死。母親在他七歲時，由於衣食無著，改嫁同村人竹阿彌，也是一名走卒，一家過著窮苦的日子。竹阿彌對這拖油瓶的兒子，看得十分不順眼，尤其當他自己有了親生子之後，對於藤吉郎更加厭惡，將藤吉郎送到附近的光明寺裡去當小和尚。藤吉郎卻不是個修行的材料，僧佛生活對他無緣，年餘之後退還回家，甘願受後父的打罵度日。好不容易熬到了十五歲，算是成人，更名秀吉，他娘給了他一串永樂錢，是他生父留下的唯一遺產，讓他自己去闖天下。那時日本沒有鑄錢，流通的小貨幣，是明朝永樂年間有孔的銅製錢，在實行物物交換的日本鄉間，已經算是寶貝。他有了錢之後，一路往東而行，希望逢到奇遇。走到了清洲，當時的一個熱鬧大鎮，看到女紅用的針，想起是他娘最珍視的東西，他便把這一串永樂錢全部買了容易攜帶的針，然後沿途兜售，做起行商，藉以餬口。

一日到了駿河地界，今川家門下的武士名叫松下之綱的，看到他走過，見他形狀古怪，像是猴子，卻明明是人，是人又極像個猴子，就收留了他，當一名下役。他爲人機巧，懂得看人眼色，很快得到了之綱的歡心，由下役一路竄升，當了貼身的侍從，他這樣幹了三年，得到了主人的寵信，就免不了得罪他的伙伴們，於是群起而攻，栽贓後誣他偷了公物。主人之綱雖然明知他冤枉，但沒有肯出頭替他主持公道。他只有辭工回鄉了。這時他已十八歲。由他的父執舉薦，到織田信長帳下當了下役。那時信長正當招兵買馬的時候，故舊之子，自然收留，而秀吉有了過去的經驗之後，更加小心。除了伺候主公之外，對於僚友也不敢怠慢，成爲一個十分圓滑並且勇於負責的人。

信長性急暴躁，但能從善如流。秀吉不但能忍，並且智慧甚高，有見解，有辦法，因此主從之間相當融洽。秀吉在信長麾下，十年之間言聽計從，屢立戰功，連連擢升，到了永祿十年，欽使由京都頒降天皇詔旨來的時候，秀吉已經位爲大將，是信長心腹幹部之一，可參與密勿了。

信長奉到詔旨，大喜過望，便積極準備進軍京都，忽然將軍之弟足利義昭也來投靠。兩年前第十三代征夷大將軍足利義輝受不了屬下的壓迫，暗通上杉謙信，請他西上除奸，不料謀洩，被他的逆臣三好義繼、松永久秀等圍攻他在京都的邸宅二條城，義輝不敢自焚而死。義昭原來出了家，在奈良的一乘院當和尚，聞訊逃到近江，還了俗，企圖動員各地藩閥的武力，去討伐弒主逆賊，重振將軍的威望。他連發了很多「御內書」（將軍頒發的詔令），但是毫無反應，他這一廂情願的作爲早已落伍，誰還肯替這扶不起的阿斗出力！義昭經過兩年的流浪生活，輾轉到了越前。越前的藩主朝倉收留了他，卻無意進一步幫他的忙。他於是寄望在越後的上杉謙信，謙信雖然曾經兩度上京，並曾經拜謁過被弒的將軍義輝，不過那時他輕車簡從，是太平時期的朝拜行爲。如今要希望他率領大軍，迢迢長征，撥運輜重，前去作戰，則情況完全不同，談何容易，焉能不猶豫！而在窮途末路之餘，度日如年的義昭卻等不及，他在朝倉帳下認識了一位武士，名叫明智光秀，是細川家的後裔，兩人一見如故，十分投機，成爲好友。不幸明智光秀犯了小人，蒙受讒言，被朝倉免了職，光秀不得已只好投奔到鄰藩織田信長陣營裡去當差，仍然與義昭保持聯絡，時通音訊。遇織田後不久，他盛稱信長英武有大志。義昭心動也想去投靠，求教於當時的一位名卜者問休咎，卜到了《易經》裡的「臨」卦（☷☱兌下坤上），文曰：

知臨，大君之宜，吉。

義昭大喜，他於是決心也去投靠信長。時爲永祿十一年的七月（西曆一五六八年）。

信長將義昭迎接過來，安置在美濃西莊的立正寺裡。義昭念念不忘地委託信長以興復之任。信長答覆得漂亮：「是在信長度內耳。幕下臨此，本當築館以奉，然信長定京師，不出兩月，莫以館爲也。」他充滿了信心，不出兩個月，必定能克服京都，這是他原訂的計畫，主要的在酬報天皇對他的期望，欽使來的時候，天皇曾經頒賜他戰袍一領，他感激之餘，對欽使說過：「臣督師詣闕之日，當服此袍以拜賜。」所以他進軍京都，是勤王之舉，對義昭只是附帶幫忙這無家可歸的落難人而已，並無意興復足利家的職權。

永祿十一年（西曆一五六八年）九月，爲了調兵遣將，他回到了他的本部岐阜，發動了美濃、尾張、伊勢，以及他的友軍三河、遠江等五國大軍，浩浩蕩蕩指向京都進發，封閉已久的通達京都的大道，這時洞開，勢如破竹，連下名城，不到二十天，信長已經兵不血刃到了京都。天皇派了欽使來迎，他跪接後，指著身上戰袍說：「幸未有辱御賜！」

京都的百姓屢經戰亂，尤其對東來的戰士，三百年前有過源義仲部隊粗野使蠻的經驗，至今餘悸猶存，這次又是東軍，因此驚慌得不得了。可是信長進城以後，號令嚴明，秋毫無犯，眾情已經大定，再當幾位學究趕往軍前呈獻頌詩時，信長居然也能唱和，消息傳播出來後，民心悅服，誰也沒有料到一介武夫，殺人如痲的粗痞，也有文采，於是望治之心集中到他一身。

義昭回到京都，如願已償。背叛他兄長義輝的黨徒逃得無影無蹤，被叛徒所擁戴的將軍，是比他小一歲的堂房弟足利義榮，也不知去向。朝廷於是降旨，命他襲任征夷大將軍之位。算起來該是足利氏的第十五代將軍，他得意得昏了頭。雖然也知道這次的重振家聲，是全仗信長的支持，但是將軍的職位，在傳統上、名義上，是一人之下萬人之上的統帥，全國的英豪都要受他節制，他眞的自以爲有了權威。實際上時代早已變了，誰也沒有把將軍這官名放在眼裡，不過儘管事實已明在眼前，但是一旦爲名位所迷的人，硬是不肯信。義昭這時夢想恢復他十五代前祖先的威望了。不過義昭對信長的感激之忱，毫無疑問是眞誠的，他受命爲將軍的翌日，便寫了封信給信長，文曰：

今度各地凶徒，不移時，不歷日，悉蒙討平，武勇誠天下第一也。當家已蒙再興，此後邦國之安治，捨君莫屬矣……此上

御父織田彈正忠殿

這封信是用半通的漢文寫的，其中「武勇誠天下第一」是最高的諂諛，也是使得信長終生神馳的一句。至於稱呼，尊之曰御父，是史乘所罕見，「使我再生」，感激涕零地表示。而彈正忠則是當時天皇所頒給信長的官位，低於將軍，衛戍京畿的職稱。很明顯的，義昭要乘機點穿，雖然我尊你爲我再生父母，但你仍然是我屬下。

信長是個重實際的人，對於虛名假位，他毫不計較，不過他又焉能屈居在既無才學、又無實力的義昭之下！這時他已心雄萬夫，意在併呑群豪，統一日本，對於義昭有恢復征夷大將軍實權的企圖，他也不能不加意的防範了。

信長爲了籌集各項經費，不能不向幾處有錢的商埠軟硬兼施，用此壓力，以搾擠出一些

資金來，因此他不得已只好暫時離開京都。義昭在表面上好像專心捧靠信長，實際上他卻另有打算。這是個不講信義、專弄計謀的時代。在義昭心目中，爲了取得權勢的均衡起見，除了信長之外，他應該另找幾個靠山。於是他乘信長不在京中，就連發了很多御內書，試探還有哪些強豪藩閥願意來支持他。

除此之外，他貪小錢，暴露了他不是個氣宇恢宏有大志的英雄人物。他與信長初訂交的時候，雙方都很親密。信長爲了他在京都大興土木，自己督工重修被焚毀了的將軍故居二條城，精選了奇花異石移置其中，甚至動員了數千名人夫搬運巨石，信長本身領頭，唱著山歌，挽著繩索來牽引。又爲了防患於未然，特地加厚防禦工事，在倉庫中儲藏了大量的米糧。

不料義昭卻小心眼，看到糧價好的時候，全部賣了，換成金銀，入了他私囊，又嫌二條城開銷大，寧願搬到一所小巧房子裡去，十足表現出愛財如命的本色來。財是聚了，人卻散了。他的侍從個個離心離德，紛紛向信長訴苦告密，他的行爲一舉一動，信長無須偵察，便已了然。永祿十二年，信長平定了南伊勢的叛亂之後，回到了京都，向將軍義昭報告。這時兩人之間起了衝突。

義昭濫發御內書的結果，使得信長十分惱火，他忍不住，就以「彈正忠」的官名，寫了五條約定，要當將軍的義昭遵守，這五條是：

第一條　凡將軍欲發御內書，必須先徵信長之同意，並須得其副署方能發出。

第二條　以前所發出之任何旨令，一概無效。
第三條　對屬下發給恩賞時，悉由信長處理。
第四條　有關天下政務，悉由信長處理，毋須請示將軍。
第五條　天下大定後，一切儀禮由將軍施行，不可忽略。

這封語意毫不客氣的文書，是委託義昭的老友明智光秀轉遞過去的，可能還請他在口頭上再規勸義昭，不要不知輕重。這五條，明顯地限制了當征夷大將軍的義昭，不可再有政治企圖，不過義昭哪裡能嚥得下這口氣，雙方的冷戰更加深了。

接連幾年，信長都沒有能得到喘息的機會，近畿的幾處強藩，見他獲得皇室的青睞，扶植起一位新將軍，不由得既羨且妒。而最忌他的人，便是當年庇留義昭的「越前」藩主朝倉。朝倉認爲義昭這塊肥肉本來是他的，卻被信長從嘴裡橫搶了去，不禁懊恨萬分。他便和鄰藩「近江」的藩主「淺井長政」密謀，共圖信長。淺井是信長的妹夫，信長一向倚爲親密的戰友，是郎舅之親。淺井對信長本不該有異志，但是妒火中燒，燒昏了頭，更何況如果眞的除了信長，信長的成就不就是自己的囊中物了麼！淺井變了心，參與了朝倉的陰謀，他埋伏了重兵，預備乘信長假道過境的時候，出其不意，聯合朝倉夾擊信長，將他殲滅。不過他這一計畫被他夫人「市子」發覺，她既不敢勸阻她丈夫，又不敢寫信通知兄長，在情急之下，包了包甜豆，裝進一個口袋裡，將袋口繫了又繫，差人送到信長陣營裡。一小包不值錢的甜豆，派專人送來，又在袋口繫了又繫，其中必有蹊蹺，他徘徊思索忽然恍然大悟，是他妹子手足情深，提醒他不要做袋中之豆，袋口已經封住了！信長於是回師急走，逃離了險地。朝倉、淺井兩家從此成爲他的死敵，幾次苦戰，把兩家都打垮。

近畿中，剩下來的還有不聽任何節制的僧兵，盤踞在比叡山的延曆寺裡，這批和尚不守清規，是無惡不作的酒肉淫僧，他於是率領兵將，把這所千年名剎的大寺燒得片瓦不存，寺裡的頭陀大眾屠殺得精光，從此比叡山上雄霸了幾百年的凶悍集團絕跡了。到了元龜三年，他已經席捲了日本的腹地。

在這一期間，其他幾處強豪也沒有束手休息。雄霸關東地區的北條氏康，雖然年踰知命，仍然不斷地想開疆闢土。他覬覦鄰藩，不料出師不利，反被對方殺得大敗，垂老之年，禁不起意外的挫折，在懊恨之中一病嗚呼。

上杉謙信也不斷地東西奔馳，忽爾「武藏」，忽爾「能登」，行動飄忽，用兵如神。本來他和北條氏康之間，是不相上下的夙敵，但幾度交綏之後，惺惺相惜，英雄識英雄，由敵成友，不但罷兵言和，並且結爲兒女親家。謙信未娶無子，氏康將他的小兒子「三郎」，認了謙信爲義父，謙信也很喜歡這孩子，特地將自己的舊名「景虎」，賜了給三郎。從元龜元年起，雙方成爲聯姻之後，謙信的聲勢更盛，他聽到信長在近畿方面的發展，不勝艷羨，很想和他較量個上下，只恨「越後」地僻，「甲斐」的武田信玄橫亙在中間，而武田信玄也是不可輕侮的一霸。

武田信玄接到了義昭的御內書後，便領兵西上，他決心要和信長拚一拚死活，時爲元龜二年的四月。

由武田信玄的甲斐，到織田信長的尾張或美濃，必須通過德川家康的三河，而德川家康一向是信長的盟友。家康雖然年幼勢單，但他頗得民心，士氣很旺，未必能一攻即克。同時武田之東，便是野心勃勃的北條氏康，很有可能乘虛來襲，因此武田始終不敢輕易西向，和信長一決雌雄。但是氏康病歿之後，形勢就突變，氏康的兒子氏政對上杉謙信的傲慢十分反感，竟然與武田言和，等於訂了互不侵犯條約。信玄這時便無後顧之憂，可以放心西圖，何況義昭與信長之間的齟齬，明顯已白熱化，此日不取更待何時！

元龜二年四月十九日，武田信玄率領了大軍，侵入到德川家康的領域三河境內。信玄雖然是智勇雙全的名將，但家康也不是個脆弱無能之輩，尤其他深得軍心，士卒用命，於是頑強抵抗，步步爲營，經過將近一年的血戰，信玄才拔得八城。家康除了要求信長來援之外，連遣使臣到越後，請上杉謙信發兵夾擊信玄，但這時已屆隆冬，大雪紛飛，行軍困難，謙信虛晃一槍後只好折回。而信長這一面也因爲義昭正鼓動一班降將以及匪徒作亂，抽調不出太多的部隊來相助，以致家康幾乎是獨立支撐危局，到了年底在「三方原」，兩軍遭遇，雙方雖然都有援軍，信長的精銳加入在家康軍裡，而北條氏政的兵卒參進到信玄軍裡，接觸的結果，家康敗績，僅以身免。信玄大捷之餘，更進一步圍攻野田城，正要得手的時候，信玄舊病復發，只好解圍撤退，在歸國的途中病歿，行年五十三歲。

史稱信玄，不但絕非一介武弁之士，並且長於文事，善理財，在當時群雄之中，是最懂治國之道的人。上杉謙信聽到他的死訊時，正在進食，他放下筷子嘆道：「失吾好敵手矣，世復有此英雄男子乎！」

織田信長的飛躍

武田信玄死後，遺命秘不發喪，全軍撤退。信長正摩拳擦掌，聚集他帳下英豪，準備迎戰時，忽得報告武田軍已拔營後撤。信玄向來用兵如神，驟然退走必有詭計。信長不敢追趕，任由武田軍從容歸還。信長的確鬆了口氣，義昭卻受了騙，他接到武田信玄在「三方原」大捷的消息時，欣喜萬狀，以爲信長必非信玄之敵，是他翻身的日子到了。於是除了糾合敗軍之將的朝倉和淺井父子外，他又聯合了最不該聯合的人，弒他兄長的叛黨三好義繼和松永久秀，共同來揭起討伐信長的旗幟，以響應信玄，預備腹背夾擊，置信長於死地。

他在近江舉兵，開始行動，信長的反應也快得很，幾天之內，他已經由岐阜，馳赴到京都，在知恩院前，擺開了陣勢，對義昭發了請和的通牒，這是他當臣下對征夷大將軍最後的禮讓了。義昭居然不肯，以爲武田的大軍馬上會來，信長怕了他。信長無奈，只好下令圍攻二條城。義昭那裡頂得住，不得已向天皇求援，由天皇斡旋降旨言和。義昭自承誤謬，聲明從今以後一切聽從信長，不再自作主張。信長也就不爲已甚，爽爽快快地班師回岐阜，不過他明知道義昭必不肯就此罷手，但是由於大敵當前，他不能不全力去應付武田信玄。這時已是四月，武田軍不戰而退使他意外地得到了喘息，能夠從容防備義昭的再舉。由岐阜通京都，有幾處咽喉要地，如果義昭派重兵堅守，便十分難攻難克，於是他看中了一向沒有設防的水路，派了心腹，很機密地建造了很多快艇。果然幾個月以後，義昭自以爲部署妥了重兵，公然悔了諾言，約定他的黨徒再度討伐信長。

義昭也約略知兵，他親自領兵去守「槇島」，那是由岐阜通京都必經的咽喉要地，同時也增加了宇治川上的守備。自以爲是萬無一失的天塹。在京都的二條城，派了心腹以及請了兩位朝臣去鎮守。二條城是他的根據地，以爲仗著朝廷的天威，誰都不敢去侵犯。哪知信長另有絕招。他的快艇這時都已造好，他便乘風破浪，穿過浩瀚的琵琶湖，直馳京都，率領了精銳衝進了二條城，殺了義昭派駐的人，放回了朝臣，不客氣地奏請了天皇，將義昭免去了征夷大將軍之職。

信長部下的各路大軍紛紛告捷。空守在槇島的義昭，反而落魄如喪家之犬，只好請降。信長命令他部將木下秀吉將義昭送到「若江」軟禁起來，從此足利氏的征夷大將軍的名位，算是結束。由足利尊氏在曆應元年（西曆一三三八年）起，到義昭的永祿十一年（西曆一五六九年）止，共傳十五代，不過在六代足利義教之後，將軍只不過徒擁空名，毫無實權與威望，但居然還能繼續了一百五十年之久。

義昭糾合的伙伴，朝倉、淺井兩家只好退還老巢，企圖負嵎頑抗，那弒主的叛黨三好義繼被信長的部將殺了，另外一個松永久秀見風轉舵，投降了，一時留得性命。

信長自然不肯就此休息，他率領眾將，乘勝進剿朝倉，朝倉自然不敵，最後孤注一擲，仍然覆沒，朝倉躲進深山裡，不幸被自己的親信出賣，喪了頭顱。

淺井父子勢孤力蹙，自知信長不會放過他們，便都自刎而死。

天正二年的元旦，駐屯在近畿的將士都趕到了岐阜，來替信長賀新年。他這時已是日本腹部京畿一帶的霸主。最使得他高興的，是長年以來和他糾纏不清的兩位死敵，如今全被他殺了，在大開宴席上酒過三巡之後，命令左右取出一個盒子來，在親自開盒蓋之前說道：「請各位來賓鑑賞這個，以佐酒興！」打開一看，是兩個塗了金粉的人頭！一個是朝倉，另一個是淺井！他眞是自滿極了。現在除了在越後的上杉謙信是他所畏敬的人物之外，其餘就都不在他眼裡了，自然免不了有趾高氣揚的神情。當日極歡而罷，座中有一人始終不離席，看群客走得差不多時，起身對信長說道：「希望您不要太自滿，還有很多地方需要平定呢！」的確不但還有很多難關需要突破，並且禍源已暗伏了。

義昭成爲階下囚後，雖然沒有受到任何虐待，相反的依然享受著豐盛王侯生活，但當年侍奉過他的人、僕屬朋友，心裡總免不了認爲他太委屈了。尤其和他最投契、勸他投靠信長的介紹人——明智光秀，無疑地更是憤憤不平。不過明智光秀是個極其深沉的人，在火爆脾氣信長的面前，更是個馴良的忠厚長者，其實他是個心有城府的陰謀家。

信長的功業進行得極為順利，已經接近到顛峰狀態，近畿內的群盜剿滅殆盡，京都市內路不拾遺，他更進一步去征討盤踞在越前一帶的匪徒「一向一揆」，忽然得報武田信玄的嗣子勝賴率領大軍，乘他出征在外，偷襲了他重鎮之一的明智城。

武田勝賴是武田信玄側室所生之子，誣他哥哥義信謀反，義信冤冤枉枉地被他父親處死，勝賴因而嗣位，勝賴沒有他亡父的智慧，卻有盲目的蠻勇，居然也想西上勤王挾天皇以令諸侯，也就是信長的地位。明智城輕易地被他拿下，使他更以為信長只不過是個紙老虎，這次他卻沒有能再挺進，因為上杉謙信出其不意地攻打了他的城池，他不能不回軍去救。義昭雖然被囚，但他仍然保有相當的自由，依然偷偷地以將軍之名，散發他的御內書。武田勝賴接到之後，便十分興奮，認為師出有名了。他不再直接攻信長，而去打群雄之中最弱的德川家康。家康自從今川義元被信長襲殺了之後，還了他自由之身，一直辛辛苦苦地經營著他的小小「三河」，和信長保持著密切的關係，幾乎可以算是信長的附庸，替信長守著東北方面的門戶。這時他的部下名叫大須賀的背叛了他，暗通勝賴，約為內應。勝賴聚集了兩萬五千之眾，通過「信濃」，預備直取「岡崎」——三河的首府。哪知謀洩，臥底的大須賀被家康處決了。勝賴只好臨時變卦，改向「長篠」進發，將長篠城包圍了起來。

信長接到德川家康請援救急的信息後，立刻動員。他知道武田勝賴善用騎兵，長於猛衝。他於是命令他的士兵除了刀刃之外，攜帶長桿、繩束，並命令他的三千槍手多帶火器。

長篠城內被困的守軍，派出一員猛將殺出重圍，向信長求援，在達成任務之後，預備返回長篠城時，不幸被擒，並被迫向城中人勸降，他卻能在兵刃脅迫之下，大呼：「援軍明天就到，你們要死守！」說明了德川家康方面的士氣。

這場大戰，證實了用騎兵猛衝的戰術並沒有威力，信長以長桿編成的木柵，阻止了馬隊的踐踏，而他三千名槍手分三批先後發射火器，使得彈下如雨，毫無間斷。敵軍無從躲避，只得退走，陣腳動搖之後，便如山崩，武田軍大潰，幾員老將都戰死，《日本外史》寫道：

逐走追北，斬首一萬三千級，擠餘兵於川，獲其宗族將領二十餘人，勝賴僅以身免。

就這樣結束了武田勝賴的野心，武田氏的滅亡也不遠了。

長篠之戰，信長救了德川家康之危，家康感激之餘，傾心相倚，成爲最親密的戰友。信長有了家康爲屏藩，對東北方面的強鄰便不虞侵擾，可以高枕無憂，從此二人之間的友誼更增一層。

日本朝廷對這位屢戰屢勝的戰將，更是刮目相待，由參議而大納言，再轉官爲內大臣。名位已在征夷大將軍之上了。義昭不再有人理他，只好銷聲匿跡，不敢再發那誘惑人的御內書。

長篠之戰中，信長所使用的戰術，是他新由洋人學來的。步槍，當時這新發明的武器，雖然還很笨拙，不但子彈裝發費時，並且發射後，還要休息，讓槍管冷卻之後，才能再用。但是它的威力要比弓箭強得多，而且聲響有驚駭馬匹之用。信長的三千槍手分三批發射，每批一千人，第一千批發射後便去休息裝配，由第二千批去發射，如此循環不絕，成爲砲火彌天彈下如雨的場面，從來沒有這種經驗的馬匹，焉能不驚亂。這就是他大捷的主因。時代變更，科技有了很大的躍進，槍彈代替了弓矢，威力不僅勝過了弓矢，並且驚嚇了駿馬。而槍彈是洋人引進來的，好新奇的信長，對洋人能不另眼相看！時爲西曆一五七五年。

十六世紀的西歐有了很大的轉變。脫離了黑暗的封建時代，新大陸的發現更刺激了冒險家前去尋找樂園。帝國主義思想有了胚胎，狂熱的教徒們也跟著企圖向外發展，爲了供獻上帝，拯救那些沒有受過洗禮的未開化人是他們的目的。一位虔誠的神父羅耀拉（Loyola），發起組織了耶穌教會，派遣會員遠征世界各地，傳達福音。與羅耀拉同是法、西邊區的小國，「那伐黑」國人「薩維埃兒」到了日本，於是開始傳教，除了教義之外，也傳授了些科技，初期很受到民間的歡迎，但佛教信仰濃厚的日本，經過一段時間後，對於異教還是難以容忍，天主教終於被禁。這是一五四九年間事，經過二十年後信長初得勢，第一件大事便是對天主教的開禁。無疑的，他知道這種外來的知識對日本絕無禍害的可能，只會有好處，最使他傾心的，就是他得到的「種子島」槍。

火器，是中國人的發明，明太祖朱元璋在太平路（現在的蕪湖）大戰元軍的時候，忽然有個姓焦名玉的人呈獻了一挺「天龍槍」。元璋大喜：「朕得此槍，取天下如反掌，功成之後，當封汝爲無敵大將軍！」元璋大破元軍固然由於常遇春的勇敢，但「天龍槍」的功也不可沒。

種子島槍，是天龍槍二百多年後的產物，西洋人經過多次改良，傳到了日本種子島。種子島的島主時堯驚爲希世之珍，仿效製造，不過當時冶鐵的科技十分落後，品質惡劣，不堪使用。唯獨信長不肯放棄研究，令人不斷的改良，終於有了成效。不能不說這是日本西化的肇始。

信長的據點岐阜，離京都嫌遠，他現在已經不是一名普通的藩將，而是朝廷的重臣。很多大政要賴他來做最後的決定，倘處在偏遠的一隅，絕非可能。但是如果仿效足利氏的榜樣，設總部於京都，亦非領軍作戰的統帥所宜居。他早就看中了「近江」。「近江」鄰接琵琶湖上有一片土地，廣闊平坦、交通便利，不論水陸，馳往京都一日必到。他於是大興土木，在近江建了一座堡壘式的大城，名之爲安土城。他命人將附近的觀音寺山、長命寺山、長光寺山等等地方的巨石都搬運了來，作爲城基，費了四年時間，完成了一座七層樓的高堡，是一金字塔型的建築。底層完全由石造，作爲巨大的兵器庫，二層有大廳十七間，三層由他私人居住共十間，四層七間，五層兩間，六層是個六角亭的佛堂，七層是個朱漆高欄屋頂下的閣樓，取名天守閣。至於內部裝修，金碧輝煌，極爲奪目，四壁所繪的畫像則全部都是中國人物，三皇五帝、孔門十哲、商山四皓、竹林七賢等。儘管信長對洋人槍砲科技有興趣，但在精神方面，無疑的還是受孔孟的教訓。

安土堡的氣魄遠比以前他替足利將軍所興建的二條城，要壯麗百倍。如果是輦轂之下的京都，一切設施都免不了要受拘束，所以他選定了這一處女地，爲所願爲地來展布他的宏才壯圖，顯然他有囊括日本的準備和信心，重新建立一個比京都更壯偉、更璀巍的中心。

在他的西鄰還有毛利氏一族，擁有十國以上的疆域，雄霸一方。毛利氏本爲大內義興的屬下，義興在日本南北朝時代十分顯赫，不過好景不常，數代以後，一切基業俱由毛利氏所承襲。在信長正如旭日東升，由畿內崛起的時候，毛利氏的強人「毛利元就」以七十四歲的高齡西歸了。孫「輝元」也頗有祖風，雖然年未弱冠，繼位之後，依然東征西討，開疆拓地，聲勢幾乎與信長相埒。被信長免了職的將軍義昭，軟禁在若江，居然逃脫，便去投靠輝元。輝元拿他當活寶看待，想擁戴他，和信長爭個高下。信長和佛教淨土眞宗本願寺的住持顯如長老從幾年前就有很深的齟齬，雙方竟至兵戎相向。顯如在大阪石山動員了他的僧兵，這時又向輝元請求援助。輝元便乘機率領大軍，正式和信長對壘。義昭當然也不能袖手旁觀，發起他的法寶御內書來，飛檄上杉謙信、武田勝賴，起兵夾擊信長。

毛利氏的大軍以破竹之勢一路衝到了京都附近。畿內人心大震，信長親自趕去打了一次勝仗，局勢才算穩定了下來。而就在這時急報傳來，上杉謙信已經領兵趨向「能登」而來。

信長對謙信一向面似尊敬，暗中卻在扯他的後腿，勾結他麾下的部將，不料被謙信發覺，親自前往懲罰。那部將連忙向信長求救，信長於是派他最得力的大將柴田勝家、木下秀吉等領兵四萬餘去接應，他自己也在後面隨時準備趕來。

這時京中又有了突變，義昭的舊盟友松永久秀，自從降了信長以後，鬱鬱不得志，雖然他竭盡諂媚之能事，但信長還是不肯假以顏色。有一次德川家康來晉見信長時，見有個老頭兒恭恭敬敬地隨侍在側，免不了要問：「這位是誰？」信長笑道：「這傢伙幹過三件任何人不敢幹的事，一、弒了將軍，二、叛了他的盟友，三、燒了大佛殿。」久秀聽了嚇得俯伏在地，汗流浹背。在陌生人面前暴露他的罪行，怎麼能忍受得了，誓雪此辱，不過一時沒有機會。他風聞到毛利輝元又擁立了義昭，逼近京畿，焉能不興奮萬狀，此時不叛，更待何時！他乘信長忙與本願寺糾纏不休的當口，占據了志貴城，反了。

信長一時無法分身去對付這老奸滑，命他的兒子信忠去攻志貴。久秀以為他昔日的恩人盟友此刻還會同情他，慣於出賣朋友的人，終於也被出賣了。他所約定為內應的人，並沒有來內應，反而去通報了信忠，信忠將計就計，攻破他的城，久秀弄巧成拙，抱著他心愛的茶壺，登上城樓最高層，自焚而死。

上杉謙信衝入到越中之後，倏如飆風，連拔三城，進至石動橋，距離信長的大軍只有十里。信長本人這時也在軍中，謙信知道他來了，特地派遣使者，約他明天清晨會戰。信長看到謙信軍容、氣勢銳不可當，他便傳令連夜拔營而遁。謙信大笑說道：「信長眞是會逃！」「倘若他不逃，我一定把他踢進河裡去！」謙信一路追趕，一直追到長濱。這時隆冬已到，大雪霏霏，天寒地凍不便行軍。謙信又聽到松永久秀失敗的消息，已來不及救援，他便班師回到他故里休息，留了一封信給信長：「……公數與畿內樂戰，未觀北人伎倆耳，請期明春三月十五日，將舉八州之卒，西上。與公相見，公勿視謙信同皮履都人士。」那時京都裡人已經時髦得穿皮鞋，但是不會打仗！到了三月，謙信將八州兵調齊，正要出發，忽得急病，翌日猝逝，一代名將與世長辭了，得年四十九歲。他留有漢詩一首：

八月十三夜在能登對月有感

霜滿軍營秋氣清，數行過雁月三更；
越山併得能州景，遮莫家鄉懷遠征。

日本武人居然也能漢詩，不能不推爲儒將了。

謙信未婚，無嗣。但與北條氏康結盟時，領了氏康的小兒子爲子，賜名景虎。又領了他族姪爲子名景勝。他死後立刻發生了兩子之間的鬩牆之爭，景勝是族裡人，大家都擁護他，而景虎則有他的胞兄北條氏政支持（那時氏康已死）。雙方互不相讓，掀起戰端，就是所謂的「御館之亂」，結果是景虎的姊夫武田勝賴受了賄，撤兵而去，景虎在孤立無援下自殺。景勝雖然承襲了謙信的事業，但聲勢俱衰，不爲信長所重視了。

織田信長的隕落

信長的個性極其複雜。無疑，他是個絕頂聰明人。他可以忍讓，可以雌伏，同時也會極端地狂妄自大。還喜歡使詐、喜怒無常，令人捉摸不定。

他馭下極嚴，不過賞賜也甚厚。他麾下諸將對他的峻烈的罰和豐盛的獎，既畏懼也期待。他曾經奏請天皇，容他對有功將士裂土封賞，錫賜名位，因此部屬都竭盡心力爲他效命。他得力的將佐要數木下秀吉，除了秀吉之外，有：

柴田勝家，原是他弟弟的大將，降了他之後，任先鋒，任殿後，無役不從。

瀧川一益，長篠之役任左翼，其後諸役任先鋒，以功任關東管領。

明智光秀，以戰功，封於丹波。

前田利家，平能登。

以上都是他的領軍大將。他們之外，當然還有很多為他出力的人，而使他最引以為傲的，是他的嫡子信忠，既優秀又勇敢，是個人才。

在諸人之外，他還有一位客卿。那便是德川家康。他對於家康特別器重。從來沒有敢以僚屬的地位待家康，總視之如上賓，而家康對他如長兄如盟主。

信長的眾能將之間，為了爭功，免不了要互相嫉視，信長管制得儘管嚴厲，但是猜忌暗鬥，還是在秘密中進行。

柴田勝家在信長的諸將中，資格最老，年齡也最大。土匪「一向」在越中作亂的時候，信長派了柴田去進剿，不料被上杉的軍隊所阻。信長於是再遣木下秀吉去救援，秀吉居然違抗命令不去。他最看不起柴田，更不願意幫他去立功。信長大怒，將秀吉責罵了一頓之後，再將他冷藏了一陣。

更重要的一件事，是明智光秀故意陷害了新進的一員能將荒木村重。荒木是信長由弁裨提升為攝津的守護，再重用他去切斷毛利軍和大阪之間的聯繫。有人報告信長說荒木的部屬暗通大阪，將米糧遣送過去，使得圍城計畫無法有效進行。信長不信，可能是訛傳，令他自來申辯。荒木大懼，想當面去陳述時，接到了明智光秀的一封密函，勸他：「主公怒弗可犯，足下何自投虎口為！」這一項警告，使得荒木決心反了。他索性去勾結毛利，占據了伊丹城，使得信長攻克大阪的企圖功敗垂成。

不論中外，自古都是將兵易而將將難。信長在將將方面，還有缺失。

秀吉被冷藏了一段時間後，又有大顯身手的機會到來。播磨方面派了使者來求援，以防備毛利氏的鯨吞，信長任命了秀吉爲西征大將，領兵去攻略毛利氏的領域，反守爲攻了。同時又任命明智光秀去攻丹波，細川藤孝去攻丹後，以爲呼應。不過丹波和丹後兩地並不屬毛利，也非毛利的盟友。他們是獨立的小國，是無告的孤兒，在弱肉強食的時代中，他們是鐵定被犧牲的一群。

明智光秀奉命攻丹波，丹波國主秦秀法十分堅強，弟兄三人齊心合力共守危城，光秀兵寡，一時攻打不下。他改變了策略，好言勸降，保證歸順了信長之後，一樣可以安享昔日的生活，並且還能得到織田方面的保障，免受毛利的欺凌。只要秦氏弟兄肯隨同他去晉見信長，他情願送他自己的老娘進入丹波城內爲人質。約定之後，一同到了「安土」。見了信長，信長將秦氏弟兄押到安土的慈恩寺外，把他們統統殺死。消息傳到了丹波，丹波人恨極，當人質的老娘也被處死，明智光秀就這樣報了慈恩！

信長不能忍受任何人替他決定作爲，也不願任何人揣度他的意向。同時由這件事可以看出他與明智光秀之間，有很深的隔閡，對光秀無絲毫關懷與顧慮，君之視臣如犬馬，則臣視君如寇讎。光秀焉能不恨。

荒木叛了信長之後，很不自安，雖然占據了伊丹，與本願寺的顯如，結成犄角之勢。但是，和毛利還是聯絡不上。信長親自領了大軍，數度來到伊丹城前巡視。他沒有攻城，只在城前擺開陣勢，犒賞他的士卒，使得荒木不斷受刺激，終於他吃不消這種神經戰，逃到接近海岸的尼崎，向毛利求援。但是這時「三木」城已經被秀吉占領，海路斷絕，毛利的軍隊無從飛渡。經過兩個月的絕望日子之後，荒木一族終於被逮，送到京都梟首示眾了。

大阪現在眞正是孤立了。天皇派了廷臣來勸降，信長也有使臣去遊說。老和尚終於心動罷兵。信長送了很多錢過去，讓他遣散他的僧兵。老和尚自己遷往紀伊。十一年來的爭戰，算是告了結束。

天正九年，威鎭關東八州的北條氏，忽然大獻殷勤，遣使修好，並且贈送了大批珍物。這是因爲上杉謙信死後，兩子爭立起了內訌。和北條氏政有手足之誼的上杉景虎，本來占上風，不但有北條方面的支援，武田勝賴是他的姊夫，受北條的慫恿派了大軍去助戰。哪知勝賴得了對方的重賄，突然倒戈，景虎大敗自殺而亡。北條氏對勝賴的背信，恨如切骨，亟思報復，因此很想聯合信長，俟機發動。

而不自量力的勝賴，新結交了這位上杉景勝年輕戰友之後，更形狂妄。他久想報長篠大敗之辱，又惑於足利義昭東西夾擊信長，信長必滅的謬說，只要上杉景勝與他聯手，勝算可期。倘若在一年前，信長的羽翼未豐，而謙信、信玄二人還都在全盛時期，聯手西上的話，可能所向無敵。但一年後的此時，兩雄皆逝，而由他們的不肖後人來向信長挑戰，等於飛蛾撲火，自尋死路。

十一月武田勝賴突然將亡父信玄的養子勝長，由甲斐送了回來。勝長是信長的小兒子，很久以前信長爲了表示對信玄的景仰，特遣子爲人質而信玄也就認了爲義子，這時由勝賴放逐還鄉，這是對信長很大的侮辱，絕交的表示，比退婚、休妻還要嚴重。就在這時，勝賴的妹婿木曾義昌受不了他無厭的誅求，暗通信長，希望信長趕快來弔民伐罪。

信長的行動向來神速，他通知了北條，通知了他的盟友德川家康，約期同時進攻武田。

信長沒有被夾擊，被夾擊的是勝賴。武田方面的士氣異常低落，各路軍幾乎都遇不到抵抗。信長的嫡子信忠，由木曾爲嚮導，從山路進攻，只在「高遠城」——一個環山急流中的要塞——被擋住了去路，接戰之後，斬了守將，便長驅直入，逼近了勝賴的大本營諏訪。另一路由德川家康率領的，也突破了武田軍的陣線，勝賴的姊夫「穴山信君」在雨夜中，將家小偷偷接出都城投降了。在土崩瓦解的形勢下，勝賴走投無路，慌得六神無主的時候，又被奸人所騙，最後落荒而走，逃到天目山下的民家投宿，這時他的隨從只剩下四十一人。他的嫡子信勝，十六歲，很識大體，勸他自裁，他的續弦妻是北條氏康的女兒，氏政的妹妹，結褵才得幾年，勝賴讓她趕快逃，投奔到氏政營裡去，她流淚說：「現在還有什麼顏面再見阿哥！」勝賴又命他兒子逃，信勝也不肯，他說；「我是長孫，是武田氏的冢嗣，國破家亡我應當死。您去逃吧。」勝賴於是請了同在的武士，爲信勝行了「環甲禮」，因爲信勝年幼，還沒有披過甲胄，不能算是正正當當的武士。禮剛行完，四面喊聲大起，已經被敵軍包圍，彈如雨下，勝賴夫人首先中彈，受了重傷，她從容地拔出匕首，自刎而亡。勝賴拔刀混戰，在掩護他的忠友時，被槍刺中咽喉，也一命嗚呼。行年三十七歲。他十六歲的兒子也死於亂軍之中。武田氏亡了。

這次的大捷，最使得信長喜悅興奮的，是他嫡子「信忠」的英勇機智。他以爲從此信忠必然能承繼他的事業，接到信忠所送來的勝賴父子的首級時，他不禁流露出他內心的驕矜，說道：「出師三十天，就能平定四國。殺了他們的頭子，我這兒子眞不賴！」不過，樂之極矣，悲將至，幾個月後大難臨頭了。

德川家康這時也占領了駿河，信長就將駿河劃歸給了家康。北條氏政獻了黃金和米糧來祝捷，並且願意臣服受節制。信長於是大封諸將後，高高興興地凱旋回到竣工不到四年的安土城去暫時休息。

在興高采烈當中，信長卻表現出一種焦躁不安的情緒。實際上他已經是所向無敵的霸主，剩下來的強弩之末的毛利氏，還在頑抗，遼遠的九州尚未賓服外，其他地區都在他治下。而毛利氏在木下秀吉的蠶食下，假以時日，應該可以就範，無須再去煩神，然而信長還是動不動就要發肝火，眾將躲著他深怕觸犯他的逆鱗。

到了五月，大捷後的復員工作十分順利。戰功最高的嫡子信忠，由信濃凱旋歸來。翌日德川家康帶領了幾位出力的將佐，也親來叩謁，除祝捷之外，並申謝賞賜。信長對家康從來沒有拿他當部屬看待，總是敬之以上賓之禮，這時相見甚歡，邀他在安土多住幾天，然後計畫親自導遊，讓家康觀光京畿一帶的名勝。並且特地點名要明智光秀做接待長，使得起居供應無缺。

他又特地請來當時名舞蹈家前來獻技，以娛嘉賓，是一齣「能」舞。但是舞後，他已經露出火爆脾氣來，當著貴客面前，大罵兩位舞師匠，認為他們沒有盡心表演。

他又親自去考察客人的膳食，讓他發現晚餐的生魚片已經變味了。他大怒，把明智光秀叫了來，痛責了一頓之後，免去他接待長的任務，改派他即刻領兵去接應木下秀吉，受木下的節制，征伐毛利氏。

這件事對明智光秀的打擊，真是極其嚴重。本來當一名接待長，既非官爵，又無厚賞，算不上是什麼大職重任，只不過在眾將佐中特別膺選來侍奉貴賓，也可以算是難得的殊榮。而忽然受到了申斥，使他下不了台，更難堪的是被左遷，要他到猴子臉的木下秀吉麾下去當先鋒！木下秀吉怎麼能跟他比。秀吉出身微賤，以軍功才慢慢爬上來，而他本人早就是有頭有臉的武士。雖然年輕時懷才不遇，流寓四方，但投到織田帳下後，信長也擢任他為坂下城主，其後又升他為方面主將，授以經營丹波之權，論資格稱得上是重要老幹部。如今忽然藉題發揮，當著賓客，羞辱了他一頓之後，還要受貶謫，在秀吉節制下受折磨，其中必有緣故。

他想起最近幾年來兩件不痛快事。一件是在酒宴上。光秀素來不飲酒，這天他依然逃席，不料被信長看見，親自將他追了回來，按在地上，騎在他身上拔出刀來，強迫他喝一大盅，「不喝就殺了你！」

另一件是信長特別喜歡一個小孌童，名叫蘭丸，有一天信長要賞件東西給蘭丸，蘭丸不要，他卻說：「如果您有獎賜的話，希望您把『志賀』賞給我，那是我父親的舊領。」「好！」信長想了想之後說道：「三年以後，我會賞給你。」這一段話，無巧不巧都被光秀在屏風後聽到，而「志賀」正是光秀的領地！因此光秀心裡有病，總以爲三年以後，便是信長向他下手的日子，而這時似乎經過了三年。

本來信長對部屬就有頤指氣使的習慣，諸將佐都不太在意，唯獨自視甚高、以僚友自居的光秀，不慣於卑躬屈膝的忍受。而在信長這一方面，對光秀也沒有加意關懷。「丹波」事件，信長根本沒有理會到光秀母親的安危，在光秀心裡卻留下了無時或忘的創痕。

光秀奉命後，滿腔憤慨離開了「安土」，爲接待貴賓而準備好了的各式各樣的器皿，統統扔進湖裡去。「丹波」，是他的基地，他徵集了萬餘士兵之後，向京都進發，路過愛宕山，有個廟，光秀進去禮拜後禱告拈鬮，當晚就在廟裡安息，但是睡不著，從者聽他在夜中頻頻長嘆。翌晨有位詩人來謁，黑村紹巴，是他的老友，二人吟詩聯句，作了一百首。其中光秀的第一首「五月甘霖在今朝！」是個雙關語。「今朝」的發音在日文爲「土岐」，而光秀是「土岐」人。表示他想君臨日本，成爲五月的甘霖。

這時信長也移節到了京都。木下秀吉的大軍圍攻毛利氏的「備中城」，毛利氏發動了傾國之兵來救。信長聞訊，認爲這是殲滅毛利氏的最好機會，所以決定親自指揮作戰，飛檄各路兵丁齊集，聽候遣調。

信長本人則會集了他嫡子信忠以及親信百餘人先到了京都，住宿在本能寺，他的嫡子另有所好，挑選了有數里之遙的妙覺寺去落腳。

光秀反意已決，召集了心腹五人前來計議。他劈頭說道：「你們能不能爲我死！」大家一驚，不敢作聲，「現在有一事，」他繼續道：「誰若不贊成，就請立刻砍我的頭！」這時他的姪兒光春說道：「您請吩咐吧，我們都唯命是從。」光秀於是列敘信長幾次都有殺他的意向，「此時若不先下手，後必遭殃。」大家看他如此堅決，知道諫阻無方，只好跟著他走。在過大江山時，應該向右轉，才是往「備中」奉命與秀吉大軍會集之路，他卻撥轉馬頭，向左直馳，士卒驚異，渡涉「桂」川後，光秀揚鞭遙指，大叫道：「敵人在本能寺！」大家方才明白他是反了！這時是天正十年陰曆的六月初一。

次晨，天剛亮，本能寺被光秀的軍士團團圍住。信長被外面的喧嘩聲所驚醒，初以爲是他的衛士們打架，聽到有槍彈聲，才警覺到是有人謀反。他命蘭丸去看，蘭丸回報道：「是明智光秀的旗幟。」「管他是誰！」他說著就走到大殿裡，指揮僅有的士卒去抵抗，但寡不敵眾，光秀的兵丁四處竄入。信長拿起弓箭見敵就射，三四發後，不幸弦斷，只好改用長槍，而在他身旁還有些女眷，他大叫鬨她們走，在混亂中大殿起了火，一時信長沒有了蹤影。據傳教士「佛羅依斯」上教皇的報告中，將當時的情況敘得相當詳細，像是個目擊者。「一個光秀的兵，到了一扇門前，躊躇了一下，踢開了門，正看見信長剛洗完手臉，用巾布抹乾手的時候，背朝著門，那兵取箭對他的脊背射了過去，信長轉身過來，拔出那支箭，挺刀來戰，又被一子彈打傷了手腕，他於是退到了內室，關起房門，在裡面切腹自殺了。」

他所有的近侍，蘭丸以下，無一不殉難。

信長這時四十九歲，應了他田樂狹間之戰時所唱的詩：「人生五十年，乃如夢與幻；有生斯有死，壯士何所憾！」他像彗星一樣，放了耀眼的光芒後隕落了。

繼承統一大業的豐臣秀吉

和幾十名隨從住宿在妙覺寺裡的信忠，被人由夢中喚醒，想去救援時，已來不及。本能寺已經成為一片火海。信忠的隨從建議馳回到安土去，信忠說：「光秀的叛變，早有預謀，他焉能不在通安土的中途設下埋伏，我們這時只有回到京都內的二條城裡去！」

二條城是他父親親身替足利義昭策畫的半堡壘式的大邸宅，雖然經過戰亂的破壞，但仍然不失為一個可以防身的處所。這時由正親町天皇的皇太子誠仁親王居住。皇太子聞悉叛變的噩耗，情願將二條城讓給信忠，自己馬上遷移了出去。信忠在倉皇中居然還能召募到一千多名兵丁共同守城，畢竟眾寡懸殊，終於被明智光秀的大軍攻破，正殿起火，信忠見大勢已去，切腹自殺了。

人世無常，織田信長認為賴以傳宗接代、曠世奇才的嫡嗣，竟以二十六歲的英年死於非命。

光秀殺了信長父子之後，得意非凡，他寫了一封信給毛利，振振有詞地替他弑主的行爲做了辯護，文曰：

此次木下秀吉領軍侵入備中，騷擾貴境，足下建「將軍」旗鼓，予以痛擊，忠行義舉將永垂不朽。光秀亦久憾信長父子之專橫僭越，經於本月二日，得行天討，誅織田信長父子於本能寺，完成「將軍」夙願，實亦本人畢生之大慶，謹此奉達。

由上述的信，可以測知明智光秀的本意，是在希望毛利一族，繼續他們對木下秀吉的戰鬥，吸住秀吉所擁有的數萬精兵。殺信長父子，除了得意的丑表功之外，更說明了他也是擁護足利將軍的同路人。

名義上算是替將軍足利義昭除了十惡不赦的叛徒。

他這封信來得太晚。木下秀吉已經與毛利氏罷兵言和了。毛利氏不但沒有吸住秀吉的大軍，反而撥出了一部分弓矢、糧餉，贈送給秀吉。在本能寺之變前，秀吉與毛利在備中對峙，毛利已經遣使請和，秀吉不肯擅專，請信長決定，不料噩耗傳來，秀吉知道這樣重大的凶訊絕對瞞不住，不如爽爽快快地通知毛利。問他們「在這種情況下，還願不願言和，如果決心不和而戰，則現時最好」。毛利發覺秀吉十分有骨氣，是個爽朗可交的漢子，情願交他這樣的朋友，於是化敵爲盟。光秀絕沒有料到會有這樣大的轉變，不但沒有吸住秀吉的幾萬大軍，反而增多了一個意想不到的敵人！在本能寺得手後，光秀便揮軍攻「安土」，三天後占領，將信長存儲的財寶掠奪一空。正想如何策畫他新得來的天地時，得到急報，木下秀吉已經回師北向，舉起了討逆的大纛，宣稱要爲信長父子復讎。光秀這時已經膽寒，本能寺變後，各方的反應極爲冷淡，沒有任何有利的共鳴，只有懷念織田氏恩德的嗟嘆。秀吉的登高一呼，四面八方都響應了起來。但是光秀強作鎮定，對好意來勸他暫避的部將大喝道：「天下人看織田信長，怕得像鬼神一樣，卻禁不起我一擊，我能怕誰！」

他分軍爲六隊，夜半冒雨前進，渡桂川，到了山崎，第二天黎明，秀吉的大軍也陸續集合，於是開始拚鬥。秀吉軍首先奪得了天王山的高地，在殺傷相當，秀吉軍略占優勢的當口，忽然壓住陣腳不動的光秀後備隊的友軍後撤了，一時大亂，光秀退走到一處小城裡，一霎時，這小城又被秀吉大軍團團圍住，他不得已突圍而走，與十餘騎逃到一個竹林裡，又被士兵攻擊，他日夜戰鬥疲乏已極，招架不住被士兵一槍刺中右肋，翻身落馬，復一槍結束了性命。時爲天正十年六月十三日，距離他襲殺信長父子的六月二日只有十一天。

明智光秀實在辜負了他的姓氏，他既不明也不智，他誤以爲襲殺了信長父子之後，日本便能爲他所掌握。他以爲信長的幾員大將，一個個都分不了身來制裁他，柴田勝家需要防備上杉，瀧川一益需要防備北條，而木下秀吉正與毛利對壘中，他乘此時機正可以從從容容培植自己的力量，挾制天皇以號令群雄。可惜他計算雖精，究竟難逃天網。終於身首異處，罵名千古，也改寫了日本歷史。

木下秀吉殺了明智光秀，替信長報了仇，誅了叛逆，聲望更隆，他邀請群雄，到信長老家清洲去集會。瀧川一益、柴田勝家等人都來會合，共議善後。擁立了襁褓之內的信忠的兒子「三法師」為嗣，也就是信長的嫡孫。

這件事表面上似乎是順理成章，但卻有了周折。柴田勝家新續弦妻，是信長的胞妹阿市。阿市初嫁淺井長政，淺井雖然與信長為郎舅之親，但並不和睦，終成仇敵，信長殺了淺井，使得阿市居孀十載。她始終未嫁，居住在清洲娘家。這時柴田勝家到了清洲，與阿市邂逅之後，兩情相悅，締訂了姻緣。阿市對她內姪之一的信孝十分偏愛，有意立他為信長之嗣，力勸她的新夫婿支持。勝家奉了坤命，哪能不竭力主張，但是信孝是庶出，在多妻習俗時代，信長本身有不少妾室，他還有一個庶出兒子名信雄，比信孝大幾個月，因此如果要立長的話，就該立信雄，絕輪不到信孝，會議的結果，採取了立嫡，而由信雄、信孝二位叔父任輔佐之責。不過信孝心中憤憤不平，他對木下秀吉早有芥蒂，在討伐明智光秀時，他也曾參加討伐軍，不過秀吉沒有因他是信長之子，就另眼相待，也沒有特別為他記功，秀吉主張立嫡，又與勝家的意見相左。信孝以為這完全是秀吉故意從中作梗，不由得把秀吉恨如切骨。

除了「立嗣」之外，清洲會議議定了很多要政，信長的舊領該由誰承繼，由誰管理。國家的大政，原來由信長決定處理的，由誰擔承。秀吉在會議中，凡是有利可圖、有權可攫的都盡量謙讓，而需要出力的他都承受了。但仍然免不了為人所妒、所忌。對他最不諒解的是柴田勝家，勝家在諸將中，資格最老，聲勢地位也最高。但自從秀吉誅殺了明智光秀之後，是秀吉替信長報了仇，討了逆，顯然的，秀吉搶了所有的鏡頭，威望超前了很多。而尤其清洲會議之後，各將不得不奔回到自己的領地，唯獨秀吉本來家住長濱琵琶湖上沿岸一個村落，離安土很近。在本能寺之變時，他的家被明智光秀的部將劫掠一空，家小逃離到伊吹山中藏躲起來，倖免於難，戰事初定時，他便遷居到京畿境內的山崎，因此他就近可以照應皇室。清洲會議中，原訂朝政由柴田勝家、惟住長秀、池田恆興以及秀吉四人負責處理，但其他人距離遠，又嫌煩，一切都交給了秀吉，秀吉義不容辭，便與皇室之間日益接近。皇室對他自然也另加青眼。

天正十年九月十二日，信長逝世的百日忌辰，阿市以胞妹的身分，在山城的妙心寺替信長做了一次佛事。

同時，秀吉也在京都的大德寺信長的靈前做了佛事。信長的屍身由灰燼之中尋出，面貌已難辨認清楚，一直停放在大德寺中。十月初九，朝廷特派專使，親臨大德寺宣下天皇所頒贈的榮銜，爲從一位大政大臣。比信長生前的名義右大臣正二位，晉升了兩級，在武人裡是稀有的哀榮。

秀吉選定了十月十日替信長營葬，他預先普發了通知，到期，皇室以下，朝廷裡的高官貴胄無一不集，可以說是盛況空前。奇怪的是，信長的兩個兒子信雄、信孝都沒有到。柴田勝家夫婦也沒有來，秀吉成爲喪主。信長家族對秀吉的杯葛，反而增加了秀吉的聲譽，他現在是公認的信長的承繼人。他這種以退爲進的作爲，究竟是蓄意，還是偶然，雖無從肯定，但毫無疑問，他的智慧、手腕似乎比任何人都高。

清洲會議中有一項決定，即信長的嫡孫「三法師」移駐到「安土」來，「三法師」是乳名，現在正式取名爲秀信。安土被明智光秀劫掠毀壞之後，已殘破不堪，經過秀吉刻意的修繕，約略恢復了舊觀。完工後敦請促駕時，忽然有了阻礙，是信孝與勝家夫婦都不願意放秀信去。他們深怕一旦陷入秀吉手中，便爲秀吉所利用。於是藉口清洲會議的決定種種不便，打算全盤推翻。並且聯合瀧川一益等，共同來對付秀吉。形勢頓時緊張起來。

秀吉是個精細人，情報工作做得十分徹底，勝家夫婦和信孝的舉動，他瞭如指掌，信孝招兵買馬的消息，早傳到他耳邊，織田家的人既然對他毫無恩情，他替信長的報仇、討逆、收屍、營葬、開弔，不但沒有得到他們絲毫感謝，反而招致了恨妒，確是他始料所未及。這時他也只好橫下心，一味地爭取各方的友誼，以增加他的聲勢，因此對過去和信長有過恩恩怨怨人際關係的，他都一概不管。這年的十月，信長的對頭而爲毛利氏所擁戴的足利義昭，希望回到京都，秀吉爲了懷柔毛利氏，答應了他的請求。秀吉這一舉動，更增加了織田族人對他的誤會。

秀吉向各方爭取友誼的工作相當成功。織田信雄是信長的次子，爲人忠厚，但沒有主見，信孝從小就看不起他這位傻呼呼的兄長，只不過比他大了幾天，卻斷絕了他承繼大業之路，因此對信雄十分厭惡。信雄成爲織田家遺棄了的醜小鴨，卻被秀吉像天鵝一樣迎接了過去。

除了信雄以外，信長的舊部也陸續向他示好，秀吉的氣勢越來越有利了。

信雄投到秀吉陣營裡去後，信孝大窘，立刻動員，準備襲擊在安土的信雄。信雄慌了手腳，只好問計於秀吉。這時正屬隆冬，秀吉說：「現在越前地方多雪，行軍不易，柴田勝家必然不肯在這樣的情況下作戰，對付信孝一個人，並不困難。」他於是先下手領兵攻岐阜，大規模的內戰於焉開始。果然不出他所料，柴田勝家沒有動，信孝敵不過，只好請和。

瀧川一益奉信長之命鎮守北疆抵禦北條，信長死後，北條立刻翻了臉，侵入到上野。一益親去防戰，不料吃了大敗仗，不得已退到長島。他與柴田勝家私交甚篤，風聞到秀吉已經有了軍事行動，寫信建議勝家暫時隱忍，等待來年春暖花開時，再領兵去反攻，由南北兩面夾擊秀吉，此時不妨遣人議和，以懈怠秀吉的軍心。勝家依了他的計策，請了幾位素來與秀吉有舊誼的老同黨，到山崎去會晤秀吉，「請釋前憾，共輔幼主。」秀吉是有心機的人，他明知道這是柴田勝家的緩兵之計，但他卻滿口答應，恭恭敬敬、和和藹藹地送了幾位和平使者回去之後，他立刻點起兵將，把他原來領有、讓給了勝家的「長濱」，奪還了回來。長濱是由柴田勝家的養子勝豐駐守的，但是勝豐因爲和勝家的寵將佐久間盛政之間有私怨，他寧願背叛他養父，而投降秀吉，雙手把長濱送還給原主。秀吉得到長濱之後，重新修築了城池，堵住了由越前來的通道。越前是勝家的基地。

秀吉在畿內布置防禦工事的時候，勝家也有了重大收穫，德川家康自從訪謁織田信長之後，遊歷了京畿各名勝，在旅途中聽到了信長遇害的凶耗，立刻趕回領區。他乘各方慌亂之際，不聲不響地開拓了自己的疆域，將鄰接「三河」的「甲斐」、「信濃」的土地，都併吞了過來。勝家認爲家康會是個有力的幫手，在十二月裡特地派遣了專使，送了厚禮，與家康通好，被他接納了。據《多聞院日記》裡記載：

明春，雪消之時，家康將與一益、信孝、勝家，聯合出擊。

說明了家康也將加入到勝家集團裡來。

但是秀吉的行動快速，他不等雪消，在十二月十六日占領了大垣城，十二月二十日包圍了岐阜。信孝無奈，只好再講和。他把三歲的「小秀信」送了出來，把母親和妻孥都作爲人質，送到秀吉營裡。信孝首先垮了。

秀吉接到「小秀信」之後，便護送到安土城，達成了清洲會議的約定。秀吉十分高興，蒐集了很多珍奇的小玩意餽贈過去，過了一個平安的新年。

新正過後，秀吉便率領了眾將，到安土集議，訂定了作戰方針，「雪未解取一益，雪已解圍勝家」。於是在冰雪交加的正月，他就先攻在伊勢平原長島的瀧川一益，一益本是一員名將，交鋒之後，並不能像摧枯拉朽那樣，將他一舉擊潰，到了三月初三才攻克龜山城。這時勝家已經率領了精兵由越前出發，逐步南下了。秀吉將龜山交給了信雄，留驍將蒲生氏鄉等七人對付一益，自己引了諸軍駐屯在近江境內的柳瀨，勝家的大軍也陸續到了柳瀨，兩軍互相對峙，秀吉依湖山形勢築成連珠寨，一直相持到四月十六日。在岐阜的信孝企圖與北來的勝家，以及在伊勢壘戰中的一益取得聯繫，又蠢動了起來，秀吉便親自往大垣想將他制伏，但適逢大雨，無法動彈。在勝家陣營裡有位猛將佐久間盛政最得寵，聽人報告說：秀吉的諸寨中，以在余吳湖畔的賤嶽寨最弱，如果破了賤嶽寨，秀吉的連珠形勢便會蒙受嚴重打擊，現在秀吉正在攻岐阜的當口，乘虛進襲，機不可失。勝家依了他，撥出萬人讓他銜枚疾走，繞道到了余吳湖，果然攻破了賤嶽寨，殺了秀吉麾下大將中川清秀。盛政乘勝又攻克了另一據點，把守將趕跑，他陶醉在勝利之中，居然違背了軍令，不肯將他統率的一萬兵丁將佐帶回大營，而在余吳湖畔紮營休息了下來。勝家連催五次，他都不顧，只貪戀余吳湖的水光山色。到夜裡，忽然一片喊殺聲起，無數火把由山澗四處湧現出來，在照耀如同白晝裡，辨認出來是秀吉的旗幟。鬆懈了的盛政的士兵大驚，無心戀戰，奪路而逃，被秀吉的如雨槍彈殺傷很多。秀吉又指揮他手下勇將斬殺，加藤清正等七人大顯身手，將盛政的一萬精兵全部打垮。歷史上有名的七支槍神出鬼沒，至今流傳，成爲武勇的象徵。

盛政全軍覆沒、盛政本人被擒的敗報，到了勝家的大營後，如同受了電擊，軍心登時渙散，士兵開始成群地逃亡。勝家原想親自與秀吉決戰，但是檢點兵卒，只剩下了三千人。家將勸他退，他說：「我向來是以少擊眾，獲勝時很多，你們爲什麼要攔阻我？」家將答說：「現時不同了，您所帶的兵是新募的，和以前所領的子弟軍不同！」他的家臣毛受勝介又力勸勝家趕快回北莊基地，他自己穿上勝家的服裝奮戰，萬一戰死，也可以使得秀吉不再窮追，誤以為勝家已死。但是此計並沒有能使秀吉上當，假勝家力竭而亡，衣甲雖是，面貌畢竟不像，秀吉並不休息，乘勝追擊，將北莊團團圍住。

勝家和夫人阿市以及親信共九人，一同退到了城裡的天主閣上，取酒訣別，勝家請夫人逃：「你是信長的胞妹，秀吉絕不會對你無禮！」阿市說：「我跟了你，你死，我怎麼能獨活，只希望我三個女孩兒能保全性命！」她即席吟唱了一首歌：

無端寂寞仲夏夜，子規聲聲泣永別！

然後她便閉目念佛，這時火焰由樓下慢慢冒上來，勝家和夫人都取出利刃來，勝家剖腹，夫人刎頸，雙雙自殺而死。大火吞噬了整個樓台，男女三十多人都葬身火窟。秀吉最大的勁敵柴田勝家完了。

旭日東升的豐臣秀吉

秀吉滅了柴田勝家，雖然祛除了唯一能對抗他的敵手，但究竟是長年的同袍弟兄，焉能不愴然神傷！對阿市更免不了歉然於懷，她所遺下來的三位孤雛，是她與前夫淺井之間所生的，大的只不過十四歲，一個個都十分清秀，楚楚動人。信長是個喜歡粗線條作風的人，動不動凶狠相向，但他的面貌卻眉清目秀文謅謅的，不像是個殺人不眨眼的魔王。而他的同胞妹子更稱得上是個絕代佳人，她這三位千金尤其最大的十分像她，使得秀吉不能不生憐愛之心，他於是將這三個孩子都收養了下來。

秀吉貧賤時，和前田利家、淺野長勝等共事信長，十分莫逆。淺野家裡寄養了一個女兒，本姓杉原名八重，杉原家道本來小康，忽然中落，不得已將八重送來淺野家作爲養女，長大之後艷美如花。前田利家前來求婚，不料爲女所拒，淺野十分爲難，因爲他和前田是僚友，不好推辭，就將此事問計於秀吉。秀吉出了主意，假說她的生父母早就將她許配給了秀吉，所以不能做主，要由八重自己決定嫁給誰。前田心想「我這堂堂七尺之軀，總比那瘦小如猢猻的秀吉強得多」。他立刻贊成，並且請柴田勝家稟明了主公信長作證。秀吉本來也不敢有被美人垂憐的妄想，當時只不過藉此打消前田求婚之意，想不到自己竟捲進這場戀愛競爭之中，更想不到會雀屏中選，八重選了猢猻樣的他。

他家無長物，拿了破碗，喝了交杯酒，就這樣成了婚。他們夫婦之間十分恩愛，只可惜天不作美，始終沒有孩子。一晃秀吉已經年將半百，他的勳業不斷地蒸蒸日上，而膝下猶虛，在「無後為大」的時代中，他心中不免悵惘。

秀吉擊破柴田勝家之後，柴田的盟友瀧川一益和信孝都還在負嵎頑抗。信孝雖然三番兩次忽戰忽和，反覆無常，但和秀吉有極深的仇恨，斷無妥協的可能。不過秀吉一時也奈何他不得，他是信長之子，秀吉是信長一手提拔起來的屬員，在講究主從之間的義氣下，秀吉不敢對信孝有什麼過分的舉動。

不過參加到秀吉陣營裡的信雄，對信孝就沒有任何顧忌。雖屬兄弟之親，但非一母所生，而從小受盡信孝的欺凌、排斥，這時是他報復的機會。他將信孝圍困在岐阜城中，城破，信孝脫身逃到了一個濱海地區的小城「野間」。信雄不肯放過他，迫他自刃而死。信孝行年只得二十六歲。

剩下來的瀧川一益知道獨力抗拒秀吉，只有自取滅亡。當年同在信長麾下的僚友，前田利家、佐佐成政等，都歸順了秀吉，秀吉對他們相當禮遇，瀧川於是也乾脆投降了。

這時織田信長的舊部諸將，表面上暫時都對秀吉俯首稱臣，時為天正十一年的六月，距離本能寺之變，整整一年。

在這整整一年之中，秀吉的地位是肯定了。織田氏的天下，無疑地由他代替。勳業雖然日隆，而內心空虛。他與當時的諸大名將不同，是個身無立錐之地的人，雖然因立功而得到了很多封賞，實際上都沒有任何淵源。這時他已四十八歲，連個固定的居處都沒有。山崎是他西征歸來時，臨時歇腳、安頓家眷的地方，視野狹隘，絕不是個有氣魄的地方。在他的家書中認為遷址為良，大阪才是理想的居處。

他因為八重沒有生育，娶了前田利家的女兒為側室。原本是情敵，卻做了丈人的前田，是他最忠誠的朋友。賤嶽之戰時，前田本來是受柴田勝家節制，勝家兵敗，秀吉單騎去追，馳過前田營前，大呼又左，又左一起去追，又左是前田的小名，從此前田成為秀吉的死黨，將女兒嫁給了他之後更是親密。秀吉所寫的家書，就是寫給他新納的側室前田摩阿的。

大阪確實是個可攻可守的好據點，和信長糾纏了十多年的石山本願寺，就可以證明它的優秀性。秀吉於是大興土木，除了建造了華麗璀巍的大阪城之外，又在四周開闢了很多條道路，以便容納各地來朝的「大名」，由他們各自興築邸宅。大阪很快便形成了極繁榮的城市，與有長年商場歷史背景的「堺」幾乎連接了起來。秀吉本來就有科學管理頭腦。在他初事信長的時候，曾經表現過優異的幹才，一面倒塌了百步長的城牆，別人一個月都沒有修成，由他經手後，兩天完工。此時他動員了三萬餘人夫，日夜趕工，大阪煥然一新，幾乎成爲凌駕京都以上的大城。

六月初二信長逝世周年，一清早，秀吉在大德寺信長靈前焚香行禮後，便馳赴大阪。各方來祭奠的人已經寥寥無幾。織田家的威望被人淡忘，秀吉射放出來的光芒，掩蓋了他以前的舊主。趨炎附勢自古皆然本不足怪，不過身歷其境的人，往往會受不了。當時很多文士已經慨嘆人情的冷酷，感受最靈敏的一個人，當然莫過於信雄。現在除了被秀吉擁立爲織田家後繼的三歲小兒，信長的嫡孫秀信而外，信長的諸子之中只剩他一個，應當被尊重，而誰都沒有把他放在眼裡。秀吉本人尤其似乎故意地冷淡他、疏遠他，使他生悶氣。而最使他不堪的，是他手下有四員大將，被秀吉邀了去，傾心相交，時常餽贈珍寶。其中一人，總覺得不自在，他於是將經過情形據實密報信雄，顯然的秀吉有所圖謀。信雄緊張起來，召集他們四人集議，準備對秀吉發動攻擊，不料除告密者外，其他三人都異口同聲表示反對，更證明了他們都偏袒秀吉，是秀吉的同路人，而不是他信雄忠實的部將。他一怒之下，便將這三員猛將都殺了。然後他去聯合了德川家康，和秀吉翻臉爲敵了。

德川家康還鄉之後，知道將有大亂，便嚴守疆界，靜以觀變。在秀吉東西奔馳的一年中，他專心撫慰由各方流亡來的武士。

武田氏被織田信長父子滅亡之後，甲斐境內的武士一個個都無家可歸，家康於是統統將他們收容了下來，組織了龐大的武士團。在苦難中有人出來援手，誰能不感激涕零。何況家康本人就是名聞遐邇的武士，他精於弓箭，有百步穿楊之能，當年武田信玄曾經推許他為「東海第一箭手」。被這樣一位名將網羅為部屬，不但幸運也十分榮耀。凡是投他帳下的，無不死心塌地為他效命。

在賤嶽之戰時，柴田勝家一度邀他共討秀吉，他還沒有決定究竟該袒向那一面時，柴田已經潰滅。

信雄和他接近，主要原因是領域相連，休戚相關，同時也仰望家康的為人。秀吉探到信雄和家康會合來攻的消息，也立刻動員，由大阪到了京都。這次他在名義上屈居下風，輿情認為是他在欺凌故主的後裔，他自己也有理屈之感。因此他特別小心來調度他的精銳。信雄、家康這一面，當然更不敢掉以輕心，秀吉自領兵作戰以來，還很少敗過陣。

信雄起兵之日，昭告各方，聲明已與秀吉絕交，數了他的罪行，並且藉信長的舊誼餘恩，希望各地諸侯共討秀吉。秀吉也不甘示弱，他飛檄他的盟友上杉景勝，邀他夾擊家康。

在諸戰中，秀吉連連得利。不過在爭奪最重要的一個高地時，他晚了一步。「小牧山」居高臨下，支配了「尾張」的整個原野，被家康搶了先占據了。戰況形成了膠著狀態。秀吉的大軍不敢仰攻，秀吉部下大將池田恆興建議繞道偷襲家康的根基「三河」，家康若來馳救時，小牧山的守備自然減弱，一舉可以攻克。倘若不來救時，三河必垮無疑。這當然像是上策，不過分兵繞道，也不能不算是一著險棋。秀吉本來不肯，但拗不過眾將的懇請，只好同意了。他於是分兵四隊，以池田恆興為第一隊先鋒，第四隊由他的外甥秀次率領為總大將斷後。他自己仍然率領精兵監視著小牧山的動靜。

先鋒池田恆興夜半出發繞向三河，中途遇到了一個小城擋著去路，其實他應該派一小部兵丁將該城圍困起來，大隊人馬仍然繼續前進才是。但因他的乘馬為城中槍彈打中而死，他一時氣憤，非攻破該城不可，哪知守將非常英勇，足足守了三晝夜，才被攻破。這時家康已經在兩天前獲得情報，他也不聲不響抽調了一支精兵，親自率領，先打垮了秀次，再追上池田恆興，把他殺了。池田的計策雖然沒有錯，但他行動太慢，孤軍深入，陷進四面受敵的境地，自取覆亡。

秀吉吃了敗仗之後，不再死拚。他整軍而退，歸途中，他還攻克了屬於信雄的幾座城池，以作日後講和的交換條件。

家康也同樣作風，在收兵之餘也奪了尾張的蟹江城，打敗了老將瀧川一益。瀧川鬥志消沉，索性投降了，家康對他十分禮遇，遣送他回京都。

秀吉這時周圍的情勢十分不穩，南海方面的海盜非常猖獗，數犯岸邊諸城，同時在「土佐」的強豪，名叫長曾我部的，居然吞併四鄰，成為日本「四國」的霸主。他經常慫恿海盜，資助他們來騷擾沿海都市，甚而威脅到大阪的安全。如果秀吉和家康長期爭衡的話，就可能招致四面受敵。因此秀吉急於求和。

信雄領兵駐屯在「伊勢」的「桑名」，和秀吉的大軍對峙。信雄的部下面對著秀吉的常勝軍，精神上感受無比的壓力，往往一日數驚。秀吉偵知到這情形之後，便派人去見信雄，婉轉地對他說：「我替令尊大人報了仇，鎮定國家，各位郎君反而聽了讒言，要置我於死地，我不能不起而較量。信孝君之死，我至今難過。我們本來可以共享富貴，為什麼信雄君因為一點不愉快就動起火來，跟我過不去呢！」他這番話傳過去之後，信雄立刻表示願和。於是兩人約定在桑名的一個小地方相見，秀吉贈送給信雄一把寶劍，雙方罷兵，言歸於好。

雖然在小牧山之役，家康是對抗秀吉大軍的主將，但講和時他根本沒有露臉，也沒有任何要求或意見，完全聽命於信雄。秀吉要求以家康的次子為質，在當時的習慣是雙方締和的保障，家康本來不肯，由於信雄的斡旋，秀吉認了這孩子為義子，解除了當人質的意味，並取秀吉家康各一字為名叫秀康，後來成為松平氏的始祖。

議和成立後，秀吉便要專心對付那些背叛他的人，除了南海的海盜和四國的長曾我部之外，還有佐佐成政。成政在賤嶽之戰後，投誠過來，秀吉念在同袍之誼上，委任他為越中管領。信雄與秀吉發生齟齬時，成政又投到了信雄這一面。成政的反覆無常，令秀吉十分憎惡，要懲罰他。

但是秀吉首先掃蕩了南海的海盜，然後又解決了長曾我部，容他投降，將他的領土分封了有功的將士。然後進剿佐佐成政。

成政是個有野心的人物，喜權術，他覬覦前田利家的領地「加賀」。假意求親，說家無男嗣，希望利家的次子入贅過來。利家當然高興。幸而有人告密，說他不懷好意是要乘機來偷襲。果然他帶領了大軍侵入「加賀」，圍攻「末盛」城。幸已有備，守將奥村永福與妻共同守城，一個弱女子束髮提刀來激勵士卒，使得軍心大振，利家的援軍又及時趕到，把成政殺得大敗。成政聽到信雄與秀吉言和的消息，大驚，知道秀吉一定不會輕易饒了他，便連夜越過崇山峻嶺馳赴遠江求見德川，希望家康收回成約，繼續戰鬥，但被家康拒絕了。他又往見信雄做同樣要求，信雄也以和議已成，不能反悔。成政無可奈何，只好將所有的防衛撤走，自己削了髮表示決心出家，等候秀吉對他的處置。秀吉本來命他切腹自殺，由於信雄的求情饒他不死。

這樣，秀吉將小牧山之戰時，凡是乘機背叛他、騷擾他、扯他後腿的傢伙，一個個都懲戒完畢。

秀吉的官運，隨著他的勳業，青雲直上。在舉行織田信長葬儀的時候，天皇第一次敘他的官位為從五位下的左近衛權少將。第二年賤嶽之戰後，是從四位下參議，小牧山之役時，已是從三位權大納言了。這官階已經等於征夷大將軍。

他由戰場凱旋回到京都時，恰逢天皇古稀壽辰，天皇有意禪位給皇太子，秀吉趕不及地動員了人夫在「仙洞」替即將禪位的天皇營建宮室，天皇為了酬謝他，再升任他為正二位的內大臣。信長生前最高的官位是從二位右大臣。他的地位和他的故主相埒了。

秀吉出身微賤，沒有讀過什麼書，對於官階不甚了了。往日的印象，總以為征夷大將軍才是最顯赫的職位，因此他想求為將軍。他的好友右大臣藤原晴秀勸他說，將軍不值什麼錢，朝廷裡最高的官職是關白，「位亞天子，統御百官」。秀吉大喜，他要求任關白了。這時現任的關白是藤原昭實，昭實只好讓位，幾百年來由藤原家獨占了的關白，由一個沒有姓氏的人頂了過去，朝野大譁。當時對於這樣革命性的異動，幾乎承受不了，在驚愕當中，希望秀吉冒姓藤原，或源，或平，或任何有來歷的姓氏。秀吉到底姓什麼他自己也弄不清楚，他的後父姓木下，追隨信長時，以木下秀吉的姓名相從，屢建戰功後，信長令他自選一個有來歷、更響亮的姓，於是改爲羽柴，而羽柴是「丹羽」、「柴田」兩姓的合併拼湊，不倫不類，不登大雅，實在不能用。秀吉脾氣倔強，不肯頂用人家的姓氏，結果只有奏請天皇賜姓。在天正十三年的九月九日頒下了新撰的佳姓爲「豐臣」。於是以豐臣秀吉的姓名就任爲關白。時爲西曆的一五八五年，他五十歲。

豐臣秀吉的作為與事功

秀吉就任關白之後，朝廷政事自然落到他頭上來，他不能不組織一個行政機構來幫他處理，所謂的「奉行」制度於焉成立。他在部屬之中遴選了五個人，負責錢穀、訟獄、僧祝以及其他各種庶政，這五人的職稱，名之爲「奉行」。奉行者，奉行政令之謂，在織田信長時代，已經有此名稱，是臨時性的職務，職務完畢即行解消，譬如修理大內的宮殿等等的工作稱爲修繕奉行。現在是常設機關，等於內閣的閣僚。

五奉行之中，只有一人是秀吉的親戚，其餘都是有專長的文人。而最值得注意的一人是石田三成。

三成是「近江」「石田」村裡人，十五、六歲的時候就跟隨了秀吉，爲人伶俐機敏，善察人意，才智方面說來，眞可以說是不亞於秀吉本人。三成在秀吉面前，幾乎等於當年秀吉在織田信長面前一樣地被寵信、被重用。

這班文人班底，在他就任爲關白後極爲重要，不過用武力打天下，非仰仗武士不可。像七支槍那樣的勇猛戰將，在這時還是最吃重的人物，雖然中部日本已定，但東西兩方根深柢固的強豪，都虎踞一方，絲毫沒有降伏的態勢。遼遠的南疆九州，更是從來沒有受過任何節制。秀吉對於這幾處地方，當然不肯放過，他還需要武將。能使文武雙方的幹部都能戮力爲他效忠，而不相互傾軋，確是秀吉不可及的本領。

雖然已經位爲關白了，但秀吉內心裡還免不了有自卑感，爲了謀求日本的統一，使得群雄能夠心服，他最希望能有一個有身分的人，屈居在他之下，甘心情願受他指揮。在他的心目中，最合乎他的要求的人是德川家康。家康比他小五歲，父祖都是累代「大名」，本人又是負有盛譽的武士。如果能與他成爲莫逆之交，所有朝野之士都會對他肅然改觀。

不過他與家康之間，偏偏發生了不愉快的事件。家康與北條之間是緊鄰，往往有邊界上的衝突。家康的附庸眞田昌幸，本來是武田的部屬，武田亡後，歸屬德川。家康劃撥了一小區「上田」作爲他的領地。家康與北條對壘的時候，眞田出兵相助，奪取了北條氏的沼田城。

武田氏滅亡後，北條遣使與德川議和，並密商瓜分武田氏的故地，由德川取甲斐、信濃，北條則取上野，並爲北條氏直，氏政的嫡子，娶家康的女兒爲婦，兩家結爲姻好。家康同意了北條方面的建議。問題是眞田由北條奪來的沼田，要歸還北條，而眞田怎麼說都不肯，沼田是他以血肉得來的。和議因此陷入僵局。家康一時氣憤，認爲眞田不聽調度，破壞大局，領兵去懲罰他，不料被他殺退。眞田還兇得很，居然向秀吉告狀，說家康欺凌他，請求秀吉主持公道。秀吉於是命令越後的上杉景勝前往援助。秀吉與家康之間雖然沒有正式交戰，但已是敵對狀態了。

另外還發生了一件事。家康手下一員老將石川數正，忽然偷偷地由三河首都岡崎，攜家帶眷逃到了京都，投靠秀吉。這是一個極大的震撼。一向待人寬厚、萬眾歸心的家康，居然也會有老將背叛他，令人懷疑陣營中是否埋伏著秀吉的奸細，不但軍心動搖，並且人人互相猜忌。

二十多年前家康和今川氏斷絕關係的時候，是這位老將救出了家康留在今川氏手中爲質的兒子信康。小牧山之役時，又是代表家康出席和議的人物，是德川家重臣之一，但他對秀吉卻有好感，小牧山之役後，秀吉攻打「竹鼻」城時，老將派人送了一套馬鎧給秀吉。秀吉認爲老將這種獻殷勤的行爲，必然會被家康知道，希望他以後小心。而這樣提醒了老將，反而使得老將回想起來爲之萬分不安，終於出走。出走的另外一個原因，是他有個兒子在大阪任職，秀吉位爲關白後，下令凡是在外地有親戚來賀的人，一律加官。爲了兒子，老將數正甘冒叛臣之名，遠道來賀，但他卻是個不受歡迎的賀客。《外史》上的記載是：

秀吉遇之甚薄，或榜其門嗤之。

這是給老將很大的難堪，爲什麼要刻薄他，理由很簡單，秀吉這時候正要爭取家康爲己用。

秀吉首先派了三員大將邀請家康到京都。三人臨行時，他再三囑咐由於老將石川數正的離叛，一定會使得家康遷怒到我方，因此交談時，要特別小心。三人領旨後，去見家康，雖然卑辭厚禮，但仍然碰了大釘子回來，家康說：「我知道秀吉要報小牧山戰敗之辱，他早就計算我，我才不會中他的圈套，我不去。倘若他有意兵戎相見的話，我勉力敬陪。」

秀吉並不死心，他又託織田信雄從中斡旋，家康還是不肯。秀吉再派了一位說客羽柴勝雅去遊說，仍然沒有用。羽柴賴在家康的首都不肯回去，家康找了他來，告訴他：「秀吉若能帶著大軍打來，就請來，要我去，我絕不去。」這是斬釘截鐵的最後通牒了。羽柴不敢不回去轉陳，以爲秀吉必然會大怒，不料他竟沉吟不語，一直在沉思中。到了半夜四更時分，他忽然將信雄以及羽柴請了去，說道：「我有辦法讓家康必來！」二人相顧驚詫。他繼續道：「他新喪妻，我令我妹子嫁給他！」「令妹現在那裡？」二人問道。「就是旭姬呀！」他說。旭姬那時已經嫁了人，是「日向」太守的夫人。秀吉命令他這異父妹和她的丈夫離異。《日本外史》的記載是：

日向守勉強聽命，遺妻而自殺。

是否眞有此事，尙待查證。不過那時的女人比禽獸好不了許多，是籌碼、是棋子、是工具，不能有感情，只能聽命令。而沒有強武力的男子，也就沒有保護妻室的資格，只好受辱或自殺。

秀吉派了人說親，家康本來拒絕，拗不過對方的固請，於是約法三章：一、新婦有了孩子的話，絕不以爲嗣。二、現有的嗣子，絕不送去爲質。三、如果我早死了，不可割寸地。秀吉對這幾條條件全部接受。並請人把旭姬送到了家康首都岡崎去成婚。然後又請六位重臣護送，秀吉的母親「大政所」到岡崎去探望新婚的女兒，也就是以母爲質，來換取家康的信任。

這一連串的措施進行得飛快，好像加了速度的影片，映在銀幕上一樣。人物都顯得慌裡慌張。就這樣家康當了新郎，認了岳母，認了秀吉爲妻兄，結爲郎舅之親，從此是秀吉親密戰友之一了。

秀吉不斷促駕，家康率領了眾將及士卒萬人西上，在岡崎先迎接到秀吉的母親「大政所」。他在起駕前接到聖旨，由參議升任爲中納言，這是秀吉去保舉的結果。

秀吉命令沿途多處，在家康經過之地，修橋梁、設供帳，讓他舒舒服服到了京都，下榻在當時最華貴的「茶屋」。他一到，秀吉就帶同弟弟秀長、媒人淺野長政等一行先來見，表現得非常親愛，像是一家人。他說：「長篠一別，一晃已經十二年了。現在爲了天下的一統，還蒙惠然降臨，大事絕對沒有問題了！」說罷命令拿酒來，他先一飲而盡，然後酌給家康。從容地問道：「我出身微賤，諸侯多不心服，我該怎麼辦？」家康說：「只要您行得正，處事公平，誰還能不服！」秀吉點頭稱是！他就拉住家康，和他耳語道：「明天希望您幫我個忙，我預備在『聚樂第』正式接見您，在諸侯面前，希望您給我個面子！」

聚樂第是秀吉在京都的大邸宅。雖然他在大阪營造了一所堡壘式的七層高樓，但他自從當了京官之後，在輦轂之下，不能不有個住處。於是就在舊皇宮的遺址開始營建了一所大庭園，其中樓台觀閣分散多處，將京都各寺院裡的奇石珍木都搬來花園裡，是一所文化氣氛極為高雅的豪華殿堂，與大阪殺氣騰騰的堡壘，迥然異趣，但是防衛確實，四周掘了一個很深的人造湖，圍繞了起來，任何人都不能輕易跨過。秀吉在天正十四年的十一月初二，聚樂第還沒有完全完工時延見了家康，他那天還請了文武百官、各地區的大名守護，在嚴肅的朝儀下接見。家康在眾目睽睽之下，身著中納言的朝服，向關白秀吉恭恭敬敬地行了跪拜禮。旁觀者沒有不屏息改容的。秀吉大悅，他征服了唯一能敵對他的英雄！

天正十四年的十二月，正親町天皇禪位皇太孫，皇太孫即位是為後陽成天皇。詔以秀吉為大政大臣，仍然兼任關白。

秀吉統一日本的大業跡近完成，尤其羈縻住家康之後，已無東顧之憂，現在所餘的，只剩西南和極北兩處的強豪未服，而在他眼中看來，都已是甕中之鱉。更何況在九州的三強，還在互相爭鬥之中。大友宗麟是三強裡最大的一個，他累代都是「豐前」「豐後」的守護，在他手裡又併呑了「肥後」，蠶食了「筑前」和「肥前」的若干城池，但他卻不是最強的。在他之南是「薩摩」，有「島津氏」，是九州最大的豪族，弟兄三人，老大義久，豪邁有野心，兩個兄弟，義弘，有武略；家久，有智謀，懂兵法。三個人會合起來，所向無敵。大友宗麟被這三兄弟連連緊逼，只好親自到大阪來，面謁秀吉求救。秀吉大喜，以上賓之禮接待大友，除了請大友參觀大阪的種種設施外，並且大讌數日，然後奏請天皇：「島津不朝，臣請自將伐之。」他於是動員了尾張以西，三十七州郡的兵力，會集到大阪來，命令石田三成籌辦三十萬人的糧食，兩萬匹馬的芻草，以一年爲期。天正十五年二月，秀吉率領了十五萬大軍，由京都出發，水陸俱下，馳赴九州，浩蕩的聲勢壓迫得島津三兄弟喘不過氣來。雖然英勇有智謀，在這樣威脅之下，只有屈服。何況牆倒眾人推，除了大友本來就不友，連原來還算友善的另一豪強「龍造寺」，也起兵響應了秀吉。秀吉對於九州地區十分好奇，在遊山玩水、憑弔古蹟之中，完成了九州的征服。他對島津三兄弟十分寬大，沒有嚴厲地處分他們，義久投降之後，饒了他不死，並且還封了他的弟弟義弘，仍舊爲薩摩的守護。不過他對於自己的部屬卻是另外一副嘴臉。佐佐成政跟隨他出征，以功封爲肥後的管領，秀吉告誡他：「善待土豪，勿擾國民。」成政不聽，到後來土人果然反了。成政想趕來大阪請罪時，秀吉已經派人在半途中把他截留了下來，命他切腹自盡。在小牧山之役時，秀吉已經嫌他反覆無常，由於信雄的求情，才得苟活，結果還是不能倖免。

秀吉凱旋歸來時，恰巧聚樂第已經完工，他將母親和妻室都接來住。這所豪華的邸宅，若無人來鑑賞，豈不可惜！他想到「故事」，從前足利義滿以及足利義教二人，都邀請過天皇到家裡來行幸過，他何不也仿效足利將軍，藉天皇的臨幸，大擺場面。同時即位甫一年的後陽成天皇，年紀很輕，正想走出宮闕，見見世面，便欣然接受，決定在春暖花開的四月十四日蒞臨聚樂第。聚樂兩個字的出典，當然是由中國古書裡摘出來的，《五代史》的〈翟光鄴傳〉裡有一段：

晏然日與賓客飲酒，聚書爲樂。

是極其風雅的聚樂。秀吉則將它變質，成爲不可耐的俗事，他親自到皇宮去接駕，然後隨輦扈送，鹵薄之盛，前所未有。據當時的記載，〈聚樂行幸記〉裡說：

車駕還沒有出宮門，前驅倒已經到了聚樂第。天皇臨幸後，秀吉恭恭敬敬地獻上珍物，同時奏樂，如此者前後總共七次。通宵盛宴，繼之以歌舞。

秀吉穿著錦繡的朝服，坐在天皇的右側，文武百官依次坐定，就由秀吉宣讀誓辭，辭曰：

奉戴皇恩，竭力王事，莫敢或怠。皇家之邑莫敢或侵，侵者相共誚責之。戒囑子孫，莫敢或渝……違斯盟者，六十六州神只大罰殛之。

第二天再大讌由遠道來參拜的外官。然後由天皇開始作「歌」，臣下都一一陪「和」。天皇玩得高興，原本準備三天的遊幸，延長到五天才算興盡回鑾。京都的老百姓已久沒有見過這樣的盛況，都互相慶賀，太平盛世終於重現。

「食色性也」，秀吉當然也是個色鬼。他的婚姻雖然美滿，但禁不住在當時的社會，還沒有實行一夫一妻制，誰能養得起，誰都可以多有幾房家眷。秀吉做到了關白，富貴榮華集於一身，後宮之中，要多少人就能有多少人，誰也管不了他。

在天正十三年一位天主教的傳教士，路易・佛羅依斯，寫給教宗的報告中，描敘秀吉的私生活，說：「關白放縱、不檢點的程度，確實驚人，他表現了動物肉欲沉溺的本性，在他後宮裡，已經有了兩百多婦女，但這位六十多歲的老人（其實他才五十歲），只要看見他所喜歡的女人，不論何時何地，是何出身，他都拉到後宮，截留兩三晚再遣送回家……」這位神父眞是少見多怪，在那時，任何地方的帝王、高官顯貴、有權有勢的人，哪一個人的私生活不是這樣？就連教宗也不例外。不過路易的報告也未必正確。他連秀吉的年齡都沒有認眞地考證過，關於秀吉的私生活當然也只不過是耳聞。

秀吉對於八重，他的正妻，始終十分尊重，八重雖然沒給他生下一男半女來，究竟是糟糠之妻，對她的恩情並未稍減。不過爲了求子嗣起見，除了娶前田利家的女兒摩阿之外，也娶過其他女子。說也奇怪，都生不出孩子。天正十六年，他由九州凱旋回來，發現一直寄食在他家裡，信長的三位外甥女都已長成，個個亭亭玉立，尤其年長的一個，已經二十歲，艷麗絕倫。三女都該擇配，秀吉便不客氣納了大姊為側室，她小名茶茶，這時候將她安置在淀城，於是秀吉的親友僚屬都稱之為淀君。而「淀」在日文的讀音恰好是窈窕。

窈窕很自然地得了寵，很快地又懷了孕。秀吉的喜悅非同小可。翌年的五月，生下了一個小小子。秀吉有後了。從此他的人生觀改變，更想為他的子孫創立一個亙古以來從未有的大帝國。

秀吉對於故主信長，無疑是極為崇敬。信長的所作所為，他很少改動。唯獨對於基督徒的態度，則有極大的不同。不過倘若信長當年也發現了秀吉所經驗的事實的話，可能也會像秀吉一樣，成為一個反基督教的死硬派。

信長首次與耶穌教會的傳教士路易．佛羅依斯會見時，是西曆一五六九年的四月初八。約在三十年前，一艘葡萄牙船在種子島（九州的南端）觸礁，受到當地的人民官憲善意的援助接待，傳回到葡國去之後，葡國的船隻便不斷常來，主要的是做生意。所謂的種子島槍，就是這時傳來日本。到了一五四九年，傳教士克薩維野到鹿兒島開始傳教，兩年之間，他居然吸收到七百六十人受洗，經過三十餘年後，信徒激增，到一五八二年，已經超過十五萬人。其中如「大友」、「大村」、「有馬」等，都是九州方面有頭有臉、有權有勢的大人物。他們為了表示虔誠，特地挑選了幾個伶俐的童男代表他們，到羅馬晉謁教宗。

不過這信仰風氣只停留在九州區域。西洋傳教士雖然也到過京畿一帶，但佛教的聲勢究竟深固，基督教義不能得到大眾的共鳴。唯獨信長基於好奇，想引進新知識，同時他又憎惡佛徒的腐化與猖狂，想用另一種宗教作爲對佞佛的解毒劑。他延見佛羅依斯時，問他：倘若日本沒有一個人信仰上帝，你便怎麼樣？佛羅依斯答道：縱然一個人都沒有，我還是繼續傳道，絕不回去。信長很爲嘉許。不過他自己沒有表示過有聽道受洗的意願，也從來沒有獎勵過他的部屬去信基督教。

至於在征伐九州以前，秀吉對於基督教問題，似乎沒有考慮過。但是九州之征、九州之旅，使他親眼目睹九州的種種，不由得他不採取積極的對策。

耶穌教會在日本本島所表現的形象是柔和的。它傳教布道，宣導福音，像是個毫無副作用只是與人爲善的組織。但是在九州，它的面貌便完全不同。它有主張、有目的、有計畫、有行動、有綿密的基層組織。在天正十五年，耶穌教會派去的傳教士已經超過一百名，信徒約有三十萬人，顯然是個不容輕侮的力量，如果貿然取締，可能釀成難以收拾的禍害。秀吉看清楚了這一點，他暫時不聲不響，待他在凱旋回程之中，到了「博多港」，脫離基督徒影響範圍時，會集了地方官憲，提出了幾個問題，命令傳教士答覆。

一、耶穌教會根據什麼權力，強令日本人成爲基督徒？二、爲什麼不斷地慫恿信徒去毀壞廟宇及排斥僧道？三、爲什麼勸誘人民宰殺幫人耕種的牲畜，如牛馬？四、爲什麼准許葡萄牙商人將日本人送往印度當奴隸？

當然沒有一個答覆能使他滿意，於是他下令限在二十日之內，勒令所有的傳教士出境，否則處死。這道命令，不過是虛聲恫嚇，並沒有認眞執行。秀吉在九州所表現的姿態，是異常寬大，對傳教士當然也不例外，他只是想要他們稍自斂跡就行了，並無意眞正趕他們走。不過在傳教士這一面，怎麼肯認輸，既得的權益如何能放鬆，終於迫使秀吉不能不採取更嚴厲的手段。

傳教士為什麼要來，來的目的是什麼？在秀吉心中盤算著，起初得不到確切的答案。但終於他明瞭了。

在葡萄牙人之外，又來了一批西班牙人，自稱是上帝的使臣。他們不是耶穌教會派，而是弗朗西斯教派，兩派起了爭執，互相攻訐，要求日本官方處理。

恰巧這時又有一艘西班牙船在「土佐」觸礁，受日方救助。船上的水手為了表示他們的國度偉大，領土廣闊，大吹特吹，說得天花亂墜。他們興高采烈地談道：「咱們的國王才聰明呢！他先派傳教士宣導福音，誘邀當地人民信教，然後命令兵將去征伐，就這樣輕而易舉地擴張了版圖。」水手們的話是否眞實，姑且不論，但聽到秀吉耳朵裡去後，使他恍然大悟，原來洋人存心不良，傳教士是侵略者的先遣部隊。他們是披了羊皮的虎狼。於是在天正十六年的五月，秀吉下令驅逐傳教士，毀長崎教堂，禁人民信教。這是他第二次「排斥教會」的行動。這次是認眞的。

秀吉好大喜功。他是個窮苦出身的孩子，從小受盡缺錢的委屈，他一生不會忘記他母親所交給他的那一串永樂制錢！現在他富貴集於一身，他要盡情花錢，盡情享受榮華。他喜歡大興土木，建造豪華的殿堂。他受到織田信長的影響。信長重修了二條城，興築了安土的七層天主閣。他也替天皇造了仙洞宮，爲自己建了大阪城、聚樂第。他動員人夫之眾，是自從埃及金字塔以來向所未有。他營造的宮室，雖然不會有阿房宮那樣雄偉，但由於時代的進化，豪華精細必然過之。現今還流傳，用金箔裝飾的用具，所謂桃山文化的產品，就是秀吉時代的工匠所創行的。他濫用黃金，日常用具都喜歡用黃金鑄成。屏風、桌、几也都鑲嵌黃金。日本武士原本受到中國禪宗的影響，講究樸實淡雅，不慕榮利，如今被秀吉蒙上了一層黃金色。跟著，整個社會風氣也隨之丕變。「茶」和「禪」的韻味很能配合，苦苦澀澀，清香繞舌，餘味無窮。「茶」傳到日本來之後，極爲武士所愛用。尤其當織田信長翦伐群雄的時候，他在不用兵的期間，不能不使他的部下有些事做，於是發起了所謂的「茶會」。雖然只是喝茶，但將茶葉磨成細粉，將水燒到恰到好處，坐相嚴肅，喝相端正，儀式十分隆重，使得愛好「形式」的日本人，認爲「形式」也就是「內容」，會感到無上滿足。當年既無高爾夫可打，又無麻將可搓，茶會就成爲萬方期待的娛樂、消遣。秀吉便利用茶會，作爲他收攬人心的手段。

「茶會」必須用茶具，茶具又必然是陶瓷製品。日本陶土不好，幾百年來都燒不出精美的瓷品。因此高級的茶具大多數來自於高麗，或來自於明朝。一個好茶具都會視如拱璧。當年有名反覆無常的松永久秀有一個三腳鼎形的茶壺名平蛛，爲信長看中，希望見讓，松永捨不得，後來他兵敗，竟抱著他心愛的平蛛自焚而死。信長本人珍藏了很多茶具。他大宴部屬的時候，便展覽出來，任人觀賞，他獎賜有功的部將時也用茶具。秀吉在「三木」城大捷之後所受到的重賞，就是信長頒賜給他的大茶壺，名爲「四十石」。秀吉爲了這「四十石」，特地開了一次大規模的茶會。

信長逝世後，秀吉依然遵承信長的舊制，以「茶具」爲收攬人心之用。因此他雖然酷使人力，但人也樂爲所用。他最大一次的茶會，是「北野的大茶湯」，任何人都能參加，不分貴賤貧富，眞正的與民同樂。場地是選在北野的森林之內，在松柏參天之中，選一席地攤開自己的茶具，三兩人成爲一組，行禮如儀地飲起茶來，主人是關白豐臣秀吉，穿著朝服端坐在臨時搭設起來的茅亭裡。老百姓環繞遠望已經感覺滿足，他們是當今所向無敵的英雄所邀請來的賓客。

這次的「大茶湯」本來預定爲十天，但一天就收場，是因爲「肥後」有了叛亂，那不成器的成政爲政不善，使得秀吉不得不分神另調兵將去鎭撫。這次的「大茶湯」未能盡歡，但是留給後人一個難以忘懷的盛舉——歷史上最初野餐式的茶會。至今流傳下來的「茶道」，就是它的後身。

秀吉收服九州之後，餘下來的，只剩雄霸關東的北條氏。北條，自從北條早雲發跡以來，慘澹經營歷經四世，關東八州以及附近地區都在治下，倚險自固，雖然比不上當年征夷大將軍鎌倉幕府的氣勢，但也儼然一方之主。秀吉早想去制伏他，不過那時德川家康還在游離之中，他勇冠群倫，身負盛譽，是個舉足輕重的人物，他很可能偏向北條，因爲他與北條之間有了姻戚之誼，北條的嫡嗣「氏直」是他的女婿。尤其在小牧山之役後，秀吉與家康心中都不免存有芥蒂，加上眞田昌幸不肯歸還由北條境內奪來的沼田城，和家康起了衝突，而秀吉又左袒了眞田，使得秀吉與家康之間更爲尖銳。不過終因秀吉的氣度與手腕超人，與家康化敵爲友，結成郎舅，將家康納入最親密的伙伴之中後，形勢又大變。北條不但少了一位有力的支柱，並且秀吉與家康的聯手，打破了任何形勢的均衡，而在北條氏直的心理上，自然興起了依靠老岳丈庇護的僥倖心，不肯拚死戰鬥了。

不過氏直的父親北條氏政卻倔強任性，他從小受父祖庇護，沒有受過挫折，才智平平，而自以爲超凡。秀吉在聚樂第宴請天皇，兼邀各地諸侯共會時，唯獨氏政沒有來。翌歲，秀吉又派了專人勸他入覲，他居然提出條件，要求眞田昌幸先還他的沼田城之後再說。他這種傲慢無禮的態度，使得他親家——家康，都認爲過分，老遠地派人去將順逆的形勢說給他聽，勸他入朝，但是他不聽。

秀吉依了他的要求，撥出了另外一所城池給了眞田昌幸，命眞田將沼田還給了北條。氏政得了沼田之後，依然沒有來朝的動靜，反而由眞田遞到了控訴。他告道：「北條守將進入沼田之後，又要占據『那胡桃』城。『那胡桃』城是我家墳墓之地，因此我說只遵命歸還沼田，沒有聽說也出獻『那胡桃』，不料那守將居然派兵強占了。」秀吉得報大怒，又據說氏政對人揚言：「我關東八州一向不受任何人節制，當年源平二氏對立時，平氏的大軍只進到了富士山腳下，聞水鳥起飛聲，就驚恐而潰，如今豐臣秀吉又能拿我怎麼樣！」氏政的狂態，明明是接受挑戰。秀吉不能再忍，於是奏請天皇，討伐不臣的北條。

秀吉調兵遣將時，確實經過一番考慮，他派大納言德川家康率領所部爲先鋒征討北條。他明知道家康與北條之間是「親家」。雖然他本人與家康也是郎舅，但他的妹子已於前兩月病逝，在親情方面，已無任何瓜葛。現在只靠友誼，友誼能否勝過姻戚，這次的調遣似乎是秀吉有意試探家康有無偏袒北條的意向。家康也是聰明人，他受命爲先鋒之餘，立刻命他的嗣子到京都秀吉的帳下，聽候調遣，實際上是送子爲質，以表明心跡。秀吉接到家康的嗣子之後大喜，看他裝束土裡土氣，命妻室替他換上京都最時髦的衣裳，放他回去。秀吉此舉明顯地表示對家康有絕對的信任，無需任何人質。

秀吉手下人眼見秀吉如此對家康推誠相待，免不了生妒，尤其最被秀吉寵信的石田三成，得機會便要進讒，假意地算是關心秀吉的安全，一再提醒他：家康是北條氏直的岳丈，可能相通，隨時倒戈。不過秀吉不爲所動，對家康倚重到底。

秀吉這次動員的兵將是空前的，他不但傾全力大張撻伐，並且也藉此威嚇更在關東以北不庭的強豪。他的大軍節節進擊，北條氏政當然不敵，關東八州諸城守將在重壓之下，摧枯拉朽似地或死或降或逃。唯獨氏政的首都還在頑抗。小田原是瀕「相模」海灣的一座具有歷史的古城，北條早雲發跡之後，即以爲都，祖孫相傳歷經四世，是關東首屈一指的名城，也是個屢經攻戰的戰場。北條氏政早有籠城的準備，在四周築起了堅固無比的城堡，儲存了大量糧草。氏政的計算是：如果秀吉大舉來犯，迢迢長途軍糧必然不繼；如果小舉，則他憑山川之險、士卒之勇，必然也能將秀吉擊退。可惜他的估計還是錯了。秀吉不但大舉，並且調度了充足的糧秣而來，實施持久的圍攻。

秀吉是在天正十八年（西曆一五九〇年）三月初一率領大軍，由京都整隊出發，眞是旌旗蔽天，甲冑耀日，老百姓夾道歡呼，是他們從未見過的空前盛況。到了四月初一攻克了箱根，越過了最艱險的疊巒深淵，到達了小田原的城郊。秀吉下令將全城團團圍困起來，截住來援的救兵，卻不急急地去攻打小田原本城。他置酒高會，邀請各部主將德川家康、織田信雄等人，輪流到他營中歡聚，甚至將他的寵姬淀君也接了來，共享圍城之樂。爲了解慰軍中的無聊，特地准許京都、大阪方面的商人前來買賣，藝人獻技，歌舞，使得城中人心焦如焚。到了六月，秀吉請家康射了一封招降書給氏政父子。又秘密地和城內守將之一的松田憲秀相通爲內應，許他事成之後，以關東最富的兩州賞給他，松田動搖了，答應約期起事，秀吉立刻將松田的覆書派人送給了北條氏直。氏直大怒，將松田拘禁起來，殺了松田的兒子，從此城中人人自危。任韮山城守將的北條氏規是氏政的胞弟，本來就不贊同乃兄的蠻幹，一向也與家康十分投契，這時挺身出來，知道事不可爲，只能求和，請家康婉爲先容，讓他到小田原去勸說他乃兄。秀吉應允了所請之後，小田原便投降了。不過秀吉認爲北條氏政是元凶，命他自裁，赦了氏直，卻殺了那願任內應的松田，說他是北條氏的叛賊，時爲天正十八年七月。

秀吉和家康有一天在戰事未決、共同研究關東八州的形勢時，秀吉忽然指著地圖，對家康說道：「這一大片土地，在事定之後，我將全部委託給你！」家康聞言拜謝，秀吉又問家康：「你將來是否還在小田原建都？」家康點頭稱是，秀吉又指著地圖說：「我細看距離小田原的東北約二十里之處，有城名江戶，襟帶山海，是個好地方，你可以建都。」家康連忙說：「遵命。」北條既定，秀吉在犒賞有功人士的時候，依約將關東八州劃歸家康，以換取家康原有的老家「三河」以及家康累年來恢拓的新境宇。兩相比較，當然關東八州要廣闊得多，不過區域面積雖大，但新撫之眾未必能心服。

家康手下兵將個個怨咨，誰也不甘離鄉背井遷往一個陌生的地方，風俗習慣語言都會不同，尤其兵燹之餘，城邑荒蕪，毫無安全感可言。唯獨家康坦然接受，雖然他明知道所謂的關東八州，實際上只有六州，「安房」的里見氏、「下野」的宇都氏，從來自立門戶，不受任何方面的管束。要使他們聽命歸順，還要很費周章。

家康在他群臣的嗟嘆聲中，接收了關東。又遵照了秀吉的意旨遷往一個蘆葦叢生、荒涼隘陋的小城「江戶」裡去，將他自己的舊領地「三河」、「駿河」、「甲斐」、「信濃」、「遠江」，整頓清理完畢之後，奉獻給了秀吉。秀吉大喜，家康是處理割讓事宜最迅速的人。

豐臣秀吉興起侵略狂想的經過

秀吉在討伐北條的時候，關東以北地區還有個二十來歲的小夥子，名伊達政宗，十分英勇，他呑併了四鄰，成爲「陸奧」、「仙道」一帶的霸主。不過他很警覺，看到秀吉大軍到來，知道無法抗拒，親自繞道來謁請降，秀吉看他氣宇堂堂，雖然眼睛一大一小但炯炯有光，在儔人廣眾之中，侃侃而談。那時北條還在頑強抵禦之中，小田原未下，秀吉問他如何破敵，他便在滿座高級將佐之前，指手畫腳，大放厥辭。秀吉對這天眞純樸的青年不但器重，並且信任，准許他投誠，不過將他的領區削除了一大半。有人幾次進讒，說他靠不住，會反，但秀吉對他始終沒有起疑。

北條滅亡之後，日本在秀吉的威望之下算是統一了。秀吉大封功臣之後，興高采烈地帶同他的寵姬淀君班師凱旋，在天正十八年九月一日回到了京都。凱旋之後不久，倒不是伊達政宗反，而是九戶地區的老百姓，不堪新來的權貴作威作福，紛起反抗，一時如火燎原，蔓延到幾乎整個東北地區。秀吉不得已，命令他的外甥秀次領兵去進剿。由伊達政宗任先鋒，經過幾次血戰後，討平了。秀吉為了鎮撫九戶以及陸奧一帶的民眾，特地遴選了一位年輕有為的部將蒲生氏鄉為管領。蒲生本來也隸屬在織田信長麾下，信長愛他的英勇，把女兒嫁給了他。信長死後，轉為秀吉的部將。這時他領有仙道十一郡以及會津等一大片疆域，有人賀他時，他說可惜這地區太過偏僻，不是中原逐鹿之區，說明了他是個極有野心的人物。那時秀吉已屆花甲之年，後繼者未定，有人問他：「倘若秀吉百歲之後，天下將屬誰？」他毫不遲疑地答道：「如果不是前田利家，就該是我。德川家康的才具不夠，不能勝任。」在他心目中，連德川家康都還遠不如他，種下了日後被人嫉視、暗算之因。

前一年，淀君所生的小男嬰這時已經咿啞學語了。長得眉清目秀，絲毫沒有乃父的怪相。秀吉晚年得子，倍加疼愛。秀吉除了正妻「八重」之外，還和不少女人發生過關係，但都沒有生過一男半女，卜者說他命硬，難有子嗣。而他娶了淀君之後不久，淀君便有了孕，順利生了個男孩，在歡喜之餘，總免不了有不祥的暗影，深怕這小寶貝會養不大，因此取名為「棄丸」，是扔掉了的東西，鬼神不會注意到他，不過「棄丸」這名字總嫌不雅，這次凱旋歸來，便將「棄丸」改了，改為鶴松，希望他有松鶴之壽。

九戶的叛亂，由秀次等敉平時，已是天正十九年的七月。秀吉得意非凡，他完成了統一大業，日本每一個角落裡，現在都能歌頌太平，這是自從源賴朝建立鎌倉幕府，形成了割據局面以來，從未有的景象，四百年間的封建社會，在他手中結束，焉能不使他手舞足蹈，心花怒放。但是樂極生悲，他最擔心的事果然發生了。八月，小鶴松忽然生病，醫藥罔效，希望他有松鶴之壽的，竟棄他的父母而逝。

秀吉心如刀割，他是命硬，不該有子嗣，這次的打擊使他萬念俱灰。

秀吉已經是五十六歲垂死之人了，他偌大的事業竟無人承嗣，心中難免有無限的空虛。由他胞姊那裡過繼來的秀勝，早夭，其後又由織田信長抱來的孩子，也取名秀勝，一直被他夫妻二人萬分疼愛的，不幸養到十六歲，也夭折了。但是豐臣氏不能就此無後，在他近親裡，這時只有秀次，是他胞姊的兒子，秀勝的哥哥，二十二歲了，身體壯健，從小就從軍，秀吉在小牧山之戰時試用他爲大將，卻吃了一次大敗仗。那時秀次才不過是個十六歲的大孩子，無作戰經驗，而對手卻是屢經殺伐的名將德川家康，吃了敗仗，不能完全怪他，但秀吉認爲他不堪重任，嫌他不夠成熟，有機會就要教訓他、告誡他，要他必須向家康學習。

這次九戶的敉平，秀次總算爭回了面子，交了差，博得了娘舅的嘉獎，讚許他是個將才。的確，秀次在秀吉的心目中有了轉變。尤其當小鶴松夭逝後，秀吉於喪明之餘，瞻望身世，免不了自感單薄，最可靠的後輩只有秀次。今後，他是否還能生子，生子能否成人？如果眞的命中刑剋太重，他該怎麼辦？豐臣氏是否就此終結？秀吉反覆思考，經過痛苦漫長的一百天之後，豐臣氏不能無續，他下了決心，認秀次爲義子，命他放棄了原姓「三好」，改姓「豐臣」。

秀吉傷子之後，心灰意懶，一直提不起精神。一天他登清水寺閣，西望遠眺，忽然興起了念頭，對從者說道：「大丈夫當用武萬里之外，何自悒鬱爲！」他以前任織田信長的部將時，奉命爲征西大將。臨行辭別，信長將自己的旗幟、標記授給了他用，並且應允他：「功成，將山陽、山陰十幾郡國的區域都由你去支配。」他那時曾經大言道：「君欲賞臣功，願以朝鮮爲請，臣乃用朝鮮之兵，以入於明，庶幾倚君威靈，席捲明國之兵，合三國爲一，是臣之宿志。」

他蓄意侵犯韓、明，似乎已經很久。那時他所得到的有關於「明」的情報如何？明朝的眞實情況又如何？需要略加敘說。

明朝和日本之間的關係，從明太祖開始，就充滿了不祥的戾氣。胡惟庸的謀反計畫，日本來的貢使毫無疑問是參與其間。幸而太祖發覺得早，奸圖未得逞。胡惟庸伏誅，但是日本的狡謀，幾年之後，方才暴露，於是封鎖了貿易，斷絕了與日本來往，不料從此招致了倭寇。

爲什麼會有倭寇？倭寇怎麼形成的？簡言之，就是武士的副產品。

日本自從武士階級形成之後，社會秩序漸漸蛻變。以前由聖德太子遺傳下來「法」的觀念，已蕩然無存。誰有刀，就是誰狠，很快的強豪蜂起，割據的局面隨之而興。大武士豢養了很多小武士，大武士之間再互相爭霸，形成了戰國時代，不斷有人亡國，不斷有武士無家可歸，流浪山林街頭間。而人民呢？更是苦不堪言，強豪們只顧自身的利益和享受，誰還會管老百姓的死活。人民是被剝削、被驅使，如牛如馬任意地被宰割的對象。違抗者死。在無路可走的狀況下，老百姓只有鋌而走險，在死中求活。因此在群豪對峙、爭城奪地的另一面，便有所謂的「一揆」連續發生。「一揆」是借用《孟子・離婁篇》裡的「其揆一也」，表示願望是一致的，一致反抗苛政。由應永三十三年（西曆一四二六年）的近江坂本所領導的一揆開始，到慶長八年（西曆一六〇三年）各地蜂起的一揆，總共有了四十二次，而其間很多的一揆，都是經過幾年後才敉平的。在國內爲一揆，在國外便是浮海爲盜，成爲倭寇。

盜寇的老大當然是武士，他們是藩閥大武士的臣下，被另外一個更強大藩閥武士所滅亡之後，成爲流浪無依的無賴漢，他們既不甘於投降，也無轉業的技能，他們唯一的本領是會耍刀、會殺人。這些職業凶手是倭寇最好的出路。只要日本有內戰，便會有倭寇，因此日本之有倭寇尙早於「一揆」五十年。將近三百年的日本戰國，明廷便遭受了將近三百年倭寇的侵襲。

被害者的明朝是什麼樣的情形呢？在太祖平定群雄之後，由於久戰的結果，各處耕桑之地變爲草莽，肥沃農田不免荒蕪。太祖本人貧困出身，深知民間疾苦，他即位不久，便接連幾年下令各地輪流蠲免田租。到了仁宗、宣宗，都是心地慈厚的君主，他們根據唐宋以來的律法施行仁政，政府對人民的福祉多方照顧，雖然未必能做到「官清若冰玉，吏善如六親，生兒不遠征，生女事四鄰，濁酒盈瓦缶，美穀堆荊囷」，但至少已經是個恢復舊有的傳統文化，一反元朝歧視漢人的統治方法，成爲極有規章秩序的國家。在邊疆塞北，縱然仍有戰鬥，不過殺伐之聲十分遼遠，在內域以及濱海地區，總是一片祥和，酒綠燈紅，管弦詩歌，享受不知干戈爲何物的太平盛世。

而就在這樣的情況下，忽然出現在老百姓眼前，一批半裸體、拿著三尺刀的野人，口吐番言，逢人便砍，見物就搶。明朝善良的黎庶焉能不驚惶失措，四散奔逃，這便是倭寇初獲利市的情況。其後情形就更糟，到了明廷中葉以後，年輕昏庸的君主接二連三地受制於貪墨奸佞的大臣，國政日非，流氓盜賊蜂起，而這些盜賊，恰好和日本來的亡命之徒互相會合，於是甘心爲虎作倀，凡是濱海地區的繁華都市，沒有一處不被蹂躪。

那時明廷的重兵集中在北鄙，防備蒙古大元的再起。視爲大後方的腹地幾乎全不設防。僅有的警衛，不過是維持治安之用，怎麼能抵禦舳艫相連、蔽海而來、洞悉虛實的中日共同編組的流寇！經過多少次的延誤和寡斷，明廷總算覺悟過來，認眞進剿，倭寇當然敵不過俞大猷、戚繼光，智勇雙全忠心耿耿的名將，連連挫敗之後，終於被殲滅。這是嘉靖四十二年左右的事，在日本，同一時期德川家康平定了猖獗多年的「一向一揆」（時爲西曆一五六四年）。

一向一揆之後，小規模的一揆還是不斷發生，日本老百姓的生活沒有獲得顯著的改善。不過在武士方面，卻有了轉變，織田信長已經略平了日本的大半，武士們有了投靠的方向，不降者死，但歸順者有封賞，無須再乘風破浪，幹那沒有出息的掠奪生涯。而另一方面擔任嚮導的明朝方面海盜，徐海、汪直，被總督胡宗憲所誘降，相繼授首。倭寇失去了有力的友軍之後，很清楚幹這一行業只會有大險，而絕無前途。武士們也是聰明人，他們何苦非選這絕無榮譽可言的海盜職業，而不去追隨當時已經明顯冒出來的領袖，跟他一起取天下，而光宗耀祖呢！因此倭寇在汪直被處分了之後，戚繼光、俞大猷又在仙遊和潮州兩地的激戰中，將萬餘倭寇截殺至無遺類，從此明廷的倭患平息，日本浪人武士改行了。

在汪直被胡宗憲誘殺之年，也就是豐臣秀吉投靠到織田信長帳下的一年，他雖然只不過是一名小卒，但他爲人機警，耳聽八方，風聞到倭寇在明朝各地輕易獵獲到種種珍寶時，不禁垂涎萬丈，心想總有一天，我也能揚威域外。三十四個年頭，在洶湧的百戰之中度過，他統一了日本。現在是實現他奢望的時期到了，想乘他未屆花甲之前，和大明的武力較量一下。當然這是個冒險，不過對自己的兵將也是個極好的考驗。何況他現在部下有功的將佐越來越多，而希求封賞的胃口也越來越大，無奈區區日本，哪裡有那麼多的土地供他去分配。於是免不了有人要怨嗟、有人要不平。因此如果驅使這班武人去海外角力，幸而勝，便能開疆闢土，獲得無盡藏的資源去酬庸他們，不幸而敗，被殺了頭，也省了他的事，免得他親自去執行那不愉快的「走狗烹，良弓藏」的勾當。事實上，他不能不有此準備，部下之中桀驁不馴的傢伙實在不少，如果不給他們發洩的機會，必然也會掀風作浪。

倭寇平息後的三十餘年，明廷怎麼樣了呢？發生了極大的變化。首先，世宗、穆宗相繼崩殂，十歲的神宗——萬曆皇帝即了位。大學士張居正秉政，他悉心輔佐幼主，君臣之間也十分融洽。居正雖是文人，但他非常注意武備，對武將也極爲維護，史稱：「他用李成梁、戚繼光，委以北邊，攘地千里，荒外讋服。」除武備之外，也知道經濟財政的重要，「力籌富國，太倉粟可支十年，冏寺積金至四百餘萬。」可以說明廷在他手中，也有了一段中興之盛。只可惜他死後不久，諸名將也相繼去世。而更奇怪的是，本來英明的萬曆帝忽然糊塗起來，聽信太監張誠的讒言，將張居正家裡人，弟兄、兒子都下了獄，並且抄了家。本來風調雨順的氣候，也忽然大變，連年水旱天災層出不窮，京師頻頻地震，徵兆著國基動搖了。這是神宗萬曆二十年間的情形，神宗三十歲。張居正逝世後十年。

耳聽八方的豐臣秀吉對明廷的情形當然清楚，《日本外史》寫道：

明民有來投者，明主朱翊鈞失政，武備不具，秀吉益思窺之。

天正十九年，秀吉大會諸將帥，說明了他侵韓襲明的計畫，他說：「吾欲以邦治，委『內府』，而自將入朝鮮，以其兵爲先鋒，以入於明……奄有其國，多割土壤以予諸君，使諸功臣皆厭其望，不亦快乎！我籌之已熟，事非甚難，諸君其能爲我出力耶！」明明白白說出了他侵略的意圖，與倭寇的行徑毫無二致，不過規模更大而已。

「內府」就是他認爲義子的秀次。秀次由他的舉薦，已經位爲內大臣，這時更進一步將關白之位也讓了給秀次，他對朝政一概不管，專心指揮作戰，將大本營設在沿海的那古邪，而自稱太閤。

秀吉積極備戰，命令建造大艦數千艘，集中各地的兵力到沿海港口。到了十二月，將繪製完成了的朝鮮地圖分發給各將帥。然後組成八軍，以對付朝鮮的八道。第一軍由加藤清正，第二軍由小西行長，第三軍由大友義統，第四軍由島津義弘，第五軍由長曾我部，第六軍由蜂賀，第七軍由小早川，第八軍由毛利輝元率領，總共十五萬人。此外有「遊軍」六萬人，由石田三成巡迴接應。秀吉本人坐鎮在那古邪，守住本土，與德川家康、前田利家、蒲生氏鄉、伊達政宗等，率領精兵十萬自衛。

第一軍的大將加藤清正是秀吉的姨表兄弟，追隨秀吉東征西討，數立戰功，是秀吉部下勇將，在賤嶽之役中，他曾大顯身手，是有名的七支槍之一。小西行長也是秀吉一手提拔起來的戰將，由弁褌累進爲攝津郡的太守。由秀吉賜姓爲豐臣。加藤、小西都是秀吉的嫡系親密愛將，不過兩人之間爲了爭寵，嫉視很深，秀吉也知道二人不和，因此在任命先鋒的時候，令他二人互爲先鋒。

至於其他六軍的主將，都是秀吉在征討四國、九州時，投誠過來的降將。這時給他們機會立功自贖。

秀吉的準備、籌畫、行動，隔海的明廷都一無所知，還以爲四海昇平，晏安無事。時爲神宗萬曆二十年的四月，日本改元後的文祿元年，西曆一五九二年，美洲大陸發現後，整整一百年。

七年之戰

日本的近鄰朝鮮，還在懵懵懂懂中混日子。國王李昖，終日沉湎在醉鄉裡，是位無可救藥的酒鬼。號稱「兩班」的貴族，爲了爭權奪利，分成兩派，位在京城東面的稱爲東人，在西面的稱爲西人，雙方互相攻訐，永不妥協。朝鮮雖然北邊偶爾有「女眞」侵襲，東面有倭寇騷擾，但從來沒有嚴重威脅過國家的存亡。何況早已倒在明廷的懷裡。作爲明廷的屬國，如果有大災難，只要向明廷一面倒，就將責任移給別人，豈不輕鬆。因此根本對自己的國家漠不關心。朝鮮的大儒李珥也曾大聲疾呼，主張養兵十萬以備一朝之用，但是誰都懶得理他。

秀吉在早幾年，就派人去與韓方商洽恢復友好，不得要領。在他討伐北條的時候，又遣使入韓，重申修好，於是韓王李昖也派了他兩位大臣黃允吉爲正使，金誠一爲副使報聘。秀吉接見了韓使之後，命令他的記室寫了一封極其傲慢無禮的公文書：

……秀吉鄙人也，然當其在胎，母夢日入懷，占者曰，日光所臨，莫不透徹，壯歲必耀武八表，是以戰必勝，攻必取，今海內既治，民富財足，帝京之盛，前古無比……吾欲假道貴國，超越山海，直入於明，使其四百州盡化我俗，以施王政於億萬斯年，是秀吉宿志也……

兩位韓國使臣回覆報命的時候，居然各說各話，正使黃允吉是西人，他奏道：「豐臣秀吉的野心十分可怕，他眞有假道攻明的意向！」副使金誠一是東人，他持相反的看法，說道：「秀吉不過是虛聲恫嚇，他哪裡有打大明的力量！」韓王也不信秀吉眞將用兵，對這封公文書沒有當它是最後通牒，根本未加理會。

秀吉大怒，日本文祿元年的四月，他率領眾兵將，由京都出發前往那古邪大本營。路過安藝的嚴島祠，投錢禱告，他向列隊的士兵喊道：「此次大戰，我投下去的錢，如果『面』多，就能得勝！」說罷當眾投下一百枚小錢，結果一百枚都是「面」，居然沒有一枚是「背」！十萬大軍歡聲雷動。其實他早動了手腳，預先將兩枚小錢糊在一起，都是面。

他本想自己親領大軍，渡海出擊，但他老母依然在堂，聽到他要遠赴海外，憂懼萬分，甚至寢食俱廢，他當然不能不顧到年邁古稀慈親的健康，只好另外指定了浮田秀家任統帥。在諸將之中，浮田並非資深，在這一群驕兵悍將裡，顯然威信不足，尤其對於加藤清正、小西行長二人，更是無從控制。

任先鋒的加藤清正、小西行長各領本部軍，於四月十日揚帆渡海，到了「風本」。果然遇到了大風不能前進，只好停泊。但是小西爲了搶功，冒著風濤巨浪，脫隊偷偷先發，居然讓他安全地渡過海峽，十三日就衝到了朝鮮境地的釜山。釜山的守將正在追逐野獸，打獵行樂，不料猝遇小西，於是追逐野獸的，忽然被追逐，並且成爲俘虜。

行樂氣氛濃厚的韓國君臣，由於承平已久，行軍戰鬥不免生疏。和那連年殺伐，在血肉模糊裡打滾出來的日本武士相比較，當然膽怯畏葸。日本軍於是望風披靡，不但小西行長遇不到抵抗，踵接登陸的，無不如入無人之境。而其中與小西行長爭功的加藤清正，更是躍馬挺槍，長驅直入。日本十五萬大軍毫無顧忌地蹂躪了朝鮮。

韓王李昖的酒沒有能壯他的膽，首先逃跑的是他。棄了王城，令次子「琿」攝國政，自己奔到平壤，還覺得不妥當，再逃避到義州。義州是緊靠著大明國境，鴨綠江邊的小鎮，已經是韓國最北的北鄙。同時他再不斷地遣使者飛報明廷請援。明廷當然不能不管，朝鮮是屬國、是藩籬。廷議之後，決定出兵。不過當時情報做得稀鬆，也沒有估計到日本軍力會有這樣強，僅僅派了少數兵將去馳援，不料到了平壤，由於天時地利都不熟，吃了敗仗，前往接應的副總兵祖承訓以及他的兵丁三千人，也全軍覆沒，承訓僅以身免。祖承訓是一員勇將，在捍禦東北胡人時數立戰功，本以爲么魔小丑的倭寇，能夠一鼓蕩平，卻反而被殺得片甲不留。明廷聞報大驚，這才知道事態嚴重，不能掉以輕心了。

日本的策略是利用水軍，由海上直駛黃海，接應陸上的大軍，然後水陸並進，襲擊大明。

日軍占據了平壤之後，意興飛揚，以爲可以席捲全韓，卻不料也挨了一場絕大的挫折。日本武士看不起韓國軍人，認爲是不堪一擊的一群，忘記了韓國擁有精銳的水軍，堅強無比的戰艦。韓國全羅左道水軍節度使李舜臣在兩年前接任時，就發覺有建造新艦船的必要，他於是創出一種奇型的戰艇，名龜甲船，其形與今天的坦克車很相似，船面覆以堅固的甲板，人藏在下面，從四周的洞口發射砲彈。日本水軍將領輕敵，一味地只想爭功，不肯聯合出擊，結果被韓艦各個擊破，沉沒的船隻在兩百餘艘。制海權落在李舜臣的手裡，日軍「水陸並進襲擊大明」的計畫只能胎死。

喪失了制海權的日軍，又由於軍紀太壞，激起了韓人的民族意識、愛國情操，因此揭竿而起，邀擊那漫長的補給線的事時有發生，使得日方也疲於奔命。小西行長是商人出身，懂得運轉的重要與困難，孤軍深入，並非得計，因此他到了平壤之後，不敢貿然前進。讓加藤清正率領他的部眾，獨自一個去表演他的勇猛。這時他已經衝進「咸鏡道」，韓國最東北地區，與「女眞」國接界了。

偏偏在這時，明廷另外還有緊急要件待理。前幾個月，在寧夏發生了叛亂。蒙古人哱拜年輕時得罪了酋長，父兄都被殺，他自己僥倖逃到了寧夏，爲明廷所收容。由於他驍勇善戰，很受倚重，升到都指揮之職。萬曆十七年哱拜屆退休之年，朝廷特別再加賜副總兵的頭銜，由他的兒子承恩襲位，讓他告老。但是哱拜並不想退休，他養有私兵，自稱隨時準備報效朝廷。實際上他看穿了當時邊防諸將，都是庸庸碌碌之輩，因此他胸懷異志，俟機起事。恰巧他的兒子承恩強娶民女爲妾，被官府知悉，罰承恩鞭箠二十。於是他率領部屬興兵反了。一時聲勢浩大，蒙古方面又來接應，潼關以北，岌岌可危，成爲明廷的心腹大患。

明廷的兵部尙書石星，本不是個大有才能的人物，夤緣時會，獲得了高位，這時要他應付東西兩方面的大戰，當然慌了手腳。石星是個好色之徒，納了浙江人袁茂的女兒爲妾。袁茂有個同鄉好友沈惟敬，是個沒有任何出息的無賴漢，卻會吹牛拍馬，一張利嘴能說得天花亂墜。他遊蕩到了北京，在北京的窯子裡泡蘑菇，與窯子裡姑娘的跟班，有個叫作鄭四的交成朋友。鄭四曾經在日本對馬島住過很多年，他將在日本所聞所見，以及對海韓國的情形，如數家珍地說給沈惟敬聽，沈一一記在心頭，憑他的記憶力強，由鄭四那裡還學會了幾句日本話，居然自詡爲日本通。石星正想尋找一位通悉日情的人，由於袁茂的引介，沈就將他由鄭四那裡聽來的，再加油加醬地敘述出來，石星聽得如醉如癡，認爲沈是位稀有的人才，舉薦給了萬曆帝，明廷於是決定命沈赴日探問日方的眞意究竟何在，並以游擊將軍的名義赴韓，與日方交涉。

明廷由於東西兩面作戰的關係，深感捉襟見肘，極想早日達成和平。以爲日本充其量是想恢復貿易，以及要求天朝賜以美名，滿足他的虛榮。用當時語言，這二者，「貿易」名之曰「貢」，「美名」名之曰「封」。死要面子的天朝君臣，只要日本肯答應「投降」，貢也好，封也好，都好商量。沈惟敬就是奉了這樣的旨令，前往談判。

「投降」！秀吉的大軍處處得手，而明廷反而要他認輸，豈非與虎謀皮！至於「貢」、

「封」，秀吉都不在意，他要的是土地玉帛！顯然的，雙方距離太遠，怎麼能談得攏。何況負責談判的人，官卑職小，是個讀書不多的無賴漢！萬曆二十年八月三十日，沈到平壤，和小西行長見了面，開始二十天的和平談判。

小西對和平的態度是有誠意的，他明白這次的戰爭，與以前在日本國內的戰爭不同。現時，離鄉背井，舉目異類語言不通，隨時隨地都有被襲擊的可能。何況水師已被打垮，補給線時虞切斷，縱然一時僥倖得勝！但難保不會失利，而萬一落敗，則前後左右將盡是敵人，死無葬身之地了。因此他聽到沈惟敬來時，對沈十分禮遇，派了綠呢大轎將沈迎接了過來，待如上賓。但是秀吉本人以及他手下諸將陶醉在勝利之中，哪裡肯就此罷手，尤其加藤清正已經從咸鏡道越過了豆滿江，占領了兀良哈。

五十天的談判所得到的結果，據沈惟敬的奏摺裡，小西說：「天朝幸按兵不動，我亦不久當還，以大同江爲界，平壤以西劃歸朝鮮。」顯然的沈惟敬這次交涉是全盤失敗。小西是否稱大明爲天朝，已十分可疑，自稱「不久當還」也是極爲靠不住的一句空話，但是「以大同江爲界，平壤以西劃歸朝鮮」，則是小西提出來的具體講和條件。大同江是一條由東北向西南流瀉的大河，幾乎與鴨綠江平行。比現在南北韓分界的三十八度線還要移北很多。倘若眞的「以大同江爲界」的話，則不但今天的南韓地區，甚至平安南道的一大部分，都將劃歸日本。

由此可見，小西雖然是一介武夫，但他的外交手腕確實高明。沈惟敬和他相比，不但是個喪權辱國的飯桶，並且說明了他是個不明事理的糊塗蟲，居然能將這樣的屈辱條件報呈中樞。更奇怪的是，兵部尚書石星，沈的舉薦人，居然還支持他，認爲談判的結果並不太壞。幸而這時廷議有了變化，一般大臣都疑心「倭多變詐」，同時哱拜之亂已經平定，寧夏總兵李如松功第一。這時兩面作戰的威脅已經解消，可以專心對付韓局，不過石星還是堅持言和，但敵不過朝議的一致主戰，於是就決定調李如松爲東征提督，準備大戰。

李如松是名將李成梁之子，勇敢善戰，父子兄弟俱沐朝恩，不免恃寵驕縱。他奉命東征的時候，在西夏的軍事還沒有完全定妥，所以暫時還命沈惟敬與日方虛與委蛇。一方面調集了大軍三萬人，由副將李如柏——他的弟弟，以及楊元、張世爵等率領，集中在遼陽，等候如松到來。如松到時已經是冰天雪地的隆冬十二月，行軍異常困難，但是越過了鳳凰山，在疊巒群峰之中，下望汪洋碧綠的鴨綠江，水天一色，士兵們都興奮得歡呼起來，在李將軍麾下，一定能大獲全勝，將倭奴全部趕下海去。沈惟敬聽到消息，由平壤趕來迎接，他不知輕重，還要阻止交戰，向李如松丑表功，說他已經與小西講妥，以大同江爲界，雙方罷兵！如松大怒，認定「惟敬是受了小西的蠱惑、賄賂，一頭腦的邪念，此人絕不可留」。打算就在軍前將沈斬了。但是隨軍來的參軍李應試建議，不如藉此機會來誑騙小西，說如松來，是奉朝命履行頒「封」典禮的。小西本來早就布下了情報網，利用投降的韓人埋伏在各處。因此韓方的一舉一動，小西都瞭如指掌。但是日久後被韓方察覺，臥底人有的被處分，有的由於良心發現而自首，有的更甘願實行反間諜。於是原來日方倚爲耳目的，反而被僞情報所矇騙。

大明的軍事行動，日方竟毫無所知。李如松到了平壤附近的「肅寧」後，就派人通知小西，說道：「沈游擊將軍回來了，和議成了！」小西大喜，也派了二十人去歡迎，如松命屬員灌他們酒，然後預備將這二十人綁了起來，但是只捉到了三個，其餘都逃了回去。小西對此舉十分狐疑，沈惟敬到了日營之後，解釋道：「這必然是語言上的一場誤會。」

小西不放心，派了他的心腹內藤如安冒充是他族人，隨同了沈惟敬到明營，謁見李如松質問，如松居然按下脾氣，承認是誤會，並且約定了日期到平壤去舉行頒封大典。這時已是萬曆二十一年的正月，那時中日雙方都奉行陰曆，乘著過新年氣氛，慶祝和議的成功，必然會熱鬧非凡，於是訂在初六。到時，李如松一馬當先到了平壤的風月樓，佇看日方彩排的行列來歡迎他。如松的將佐大軍跟著陸續擁進，小西看情形不對，急忙登陴拒守，已來不及，於是開始接戰，殺到夜裡，小西襲營，又被李家將殺得大敗。小西向附近的鳳山求救，鳳山守將不但不來，反而棄城而遁。小西也只好退出平壤，幸而這時大同江結成很厚的冰，可以踏冰而過，不過處處遇伏，韓國的軍兵也聞風奮起，日軍四面受敵，只好往京城逃遁。這一仗日軍所占領的黃海、平安、京畿、江源四道，全部都被李家將恢復了。

李如松乘勝追擊，逼近了京城。如松小看了日軍，以爲他們開始潰退，又聽信了韓方誤傳的情報，以爲日軍將放棄京城，因此他沒有去搬運笨重的火器來，僅僅以輕騎緊追。到了離京城三十里的地方，名碧蹄館，穿過一座石橋時，馬失前蹄，摔下傷了額頭，這時日本老將小早川，由開城奉命退還到京城的途中，恰好遭遇，小早川手下兵將有兩萬人，將李如松團團圍住，於是大戰，《明史紀事本末》記載這一仗，十分生動：

> 將士殊死戰，自巳至午，弁中矢且盡，金甲酋前搏李將軍正急，裨將李有昇以身蔽如松，刃數倭，竟中鉤墮，爲倭支解。李如松、李甯乃益遮夾擊，李如梅箭中金甲倭，墜馬……

這次輪到李家將慘敗。《日本外史》興奮地寫道：

> 如松不具銃礮，以短兵接戰，我軍兵銳刃利，縱橫揮擊，人馬皆倒，莫敢當其鋒……遂大破明軍，如松痛哭徹夜。

《外史》說得對，如松最大的失算在沒有用銃礮。反過來，日本兵所使的武士刀，確實是兵銳刃利，那時日本的鍊鋼技術已經高我們一籌，這就是他們制勝之道。

李如松吃了敗仗，深悔不該輕敵。他得到了教訓之後，那股驕銳之氣頓時全消，顯得處處小心。而日軍這一面，知道遇見了強勁的對手，再也不敢貿然猛進。他們的統帥浮田秀家本來就比較謹慎，他現在更採取了守勢，將各路軍馬集中在王城，並且檄令遠在朝鮮極北地區咸鏡道的加藤清正也調回。此外更使得日軍膽寒的是，秀吉聞悉平壤之敗後，又加派了加藤光泰等七員大將增援，他們道經晉州，晉州是韓王逃走前，將所有的重要國寶都儲藏在內的地方，不但地勢險要，城高壕深，並且由精兵二萬駐守。光泰等七人知道韓國的國寶在前，哪裡肯輕易放過，便立刻攻城，不料反被韓軍殺得大敗，狼狽退往王城。這還不算，另一項使得日軍焦急徬徨的，是日軍最大的糧秣庫，在王城近郊的龍山倉，被李家將偷襲，一把大火燒得精光，在糧秣不濟的情況下，負責運輸接應的石田三成，只有要求全軍退守釜山，但是部分的武將貪戀得來不易的成就，硬是不肯放棄，於是發生了嚴重的歧見。加藤光泰大聲叫道：「沒有糧！我們寧願吃砂石，也不能退！」他的同宗加藤清正跟著也大發牢騷說：「俺單槍匹馬，擊破了他們數萬人！他們燒咱們的糧草，咱們就該去搶他們的糧來吃！」石田三成也沒有好氣，回道：「那麼你就去搶，我們誰也不會去幫你！」清正說：「好。」果然帶了他的所部，將明營裡的糧搶了回來。不過幾十萬大軍，怎麼能單靠搶糧為生，於是小西以及石田三成等都想回師，使得統帥浮田左右為難。

在這膠著狀態下，當然和議又起。沈惟敬應運出場了。

冷藏了幾個月的沈惟敬，這時又被李如松拖了出來，命他回京請示。沈惟敬想不出什麼新鮮花招，還是用那「封」「貢」的老套來換取和平。明廷於是設想仿照成祖永樂皇帝對足利義滿的老辦法，封豐臣秀吉為日本王。明廷的君臣對於往事非常清楚，一切都有檔案可稽。知道封某某的日本王，是個空名義，不起任何作用，充其量，是睦鄰的手段而已。但是日本方面這批武將，個個不學無術，兩百多年前的往事一無所知，驟然聽說明廷有意請秀吉去當皇帝，當然無限興奮，飛報給秀吉。秀吉也不明究竟，糊裡糊塗答應「和」了。沈惟敬乘機要求日本方面撤兵。日軍正求之不得，除了放還虜獲了的韓國王子，並且眞的撤出了王京，步步爲營地向東歸去。如松本來打算乘勢追擊，但是日軍用分番迭休法，整隊而退，居然做到無懈可乘，從從容容地回到釜山。經過晉州時，全軍合圍之後，傾力猛攻，城破，將守城的六萬韓國兵將全部屠殺，晉州也被夷爲平地。日軍算是報了前次七將戰敗之辱。

晉州屠城之舉，使得明廷懷疑日方是否眞有言和的誠意。日軍的氣焰十分囂張，以戰勝者的姿態自居。因此明廷對於和戰大計始終搖擺不定。唯獨兵部尚書石星堅決言和，與他一鼻孔出氣的兵科給事中侯慶遠，洋洋灑灑地上書奏道：

> 我與倭何讎！爲屬國，勤數道之師，力爭平壤，收王京，挈兩都，授之。存亡興滅，義聲振海外矣，全師而歸，所獲實多……

給事中的官職，在明朝，是「掌侍從規諫，補闕拾遺」，是言官，類似現今的監察委員，縱然所論似是而非，但行政機關也不能不加以重視，在滿朝濃厚的望和聲中，主戰者屈居下風，只好暫時隱忍。

萬曆二十二年十二月明廷開始撤兵，主力，李如松的大軍班師回防了。留下萬餘人分駐韓國各咽喉要地。

第二年的春天，明使沈惟敬等一行，由小西行長陪同，渡海到了那古邪，這時改名爲「名護屋」秀吉的大本營。秀吉厚饗款待後，提出了講和條件七項：

一、迎明廷皇女爲后妃。
二、恢復貿易。
三、兩國大臣之間互換親善誓約。
四、分韓地爲二，北部四道及國都歸韓，餘割歸日本。
五、韓國應遣送王子及大臣各一二人赴日爲人質。
六、去歲爲日方所虜獲之韓王子二人放還。
七、韓國君臣應親書誓辭，累世不得違約。

以上七項之中，與明廷有關的只是前三條。在中國的史書裡卻沒有記載，可能石星沒有敢據實上奏。不過沈惟敬卻了解了秀吉的眞心，秀吉並不看重「封」，而是要韓國的土地。戰事在停頓中。明廷的群臣對封貢的意見十分龐雜，而以不贊成的居多。堅持實行的，只有石星，他認爲除此而外別無羈縻豐臣秀吉的辦法。石星是兵部尚書，發言最有力量，於是集中研討如何去「封」。不過明廷對日本的情況十分隔膜，只知道日本的最高領袖是關白豐臣秀吉，而關白是何官職，有什麼出典，沒有人能說得清楚。只知道日本以前似乎另有王，現時是否仍在，也茫然不明，由於語言上的隔閡，無從探悉。經過多方考慮，明廷以爲抄襲老文章，絕不會有錯，於是決定封秀吉爲日本王。遴選了臨淮侯李宗城充正使，都指揮楊方亨爲副使，沈惟敬任隨從，準備同往日本，爲秀吉加封。這是萬曆二十二年的十二月裡所議定。但是始終沒有啓程，原因是秀吉另外有重要心事，不容許他分神處理朝鮮的殘局，也無暇迎接明廷的使臣。

秀吉沉重的心事是什麼？是在前一年的八月裡，寵姬淀君又替他生了個白胖男娃兒，秀吉開心得不得了。有過傷子之痛的他，這次戰戰兢兢唯恐這小生命又會夭折，取名爲拾丸，算是撿回來的，不敢再像第一胎時用「棄」字，眞的會棄我而去。但是拾丸生出來之後，秀吉發覺他鑄了大錯。他原以爲命中無子，不會有嗣，所以在棄丸夭逝後，才認了外甥秀次爲子，讓秀次承襲他豐臣的姓氏，讓給他關白攝政的高位，讓給他京都的豪華邸宅聚樂第；而這位外甥承繼爲子之後的一年之間，所表現的，使他傷透了心。

秀次少年得志，得意忘形。他繼秀吉爲關白攝政時，才只有二十二歲，一朝位居萬眾之上，免不了驕縱，尤其他性好漁色，而且不論貴賤，只要被他看見，必加沾染。右大臣晴季的女兒新寡，秀次不管人家是貴族在哀痛守禮之中，只因爲她有姿色，便硬把她虜了來，不但姦汙了她，連她十四歲的女兒也被強占。

秀次除了好色而外，還有殺人的嗜好，他的近臣不斷地被他砍死，有時高興，夜裡出宮，逢人便殺，再或登上城牆，由城垛放槍射人爲樂，甚至剖孕婦的肚皮，來猜是男是女。老百姓看他如魔鬼，叫他爲殺生關白，因爲「攝政」二字的日本發音，說快了與「殺生」相似。他對於皇室也毫無禮貌，正親町上皇正月裡崩逝，他照樣去打獵，使得舉朝側目，秀吉尤其難堪。在表面上，秀吉一向非常尊崇皇室，如今他的繼承人竟在大喪之時，毫不在意地追逐禽獸爲樂，確實是大不敬，使得他面子上掛不住。

秀次實在也不夠聰明，拾丸出生後，他理應馬上將家督的地位讓出來。在日本的習俗上，「家督」極爲重要，是名位、財產的承繼權。秀次富貴當前，昏了頭，以爲秀吉，他的舅舅，眞的會將辛苦得來的天下傳給他，而不傳給如心如肝的兒子！

秀次的荒唐行徑，無疑地會自取敗亡。自然有人會暗暗慶幸。在秀吉的左右之中，最有野望、最具心機的是石田三成，也是最被秀吉寵信的人物，他身爲五奉行之一，幾乎所有的庶政無不經他的手，權勢越高，便越想貪權。秀次的名位是他垂涎的，而秀次的胡作非爲正是他向秀吉進讒的好資料。眼看著秀吉年老日衰，乘秀吉還在位時，必須藉秀吉之手，將這年輕小夥子除掉不可。於是石田三成不斷地加油加醬，將秀次種種秕行報告上去，甚至說他有反狀。秀吉果然起疑，命令石田去責問，秀次當然大駭，立刻親筆寫了七封效忠的誓書呈送過去，秀吉覽罷，怒氣似乎平息了。本來他們二人之間原無根深的嫌隙，只不過由於秀吉草率地認了秀次爲義子，拾丸出生後，雙方才發覺到不自在，但是秀吉爲了補救這步錯棋，已經將秀次所生的女嬰預訂爲拾丸之婦，將來拾丸便以女婿的資格承繼秀次的一切榮華富貴。秀次也同意這一辦法。不過這一約定將來是否會有變化，當然不可逆料。

石田三成的離間計不成，二次機會又來，秀吉失寵的近臣木村重前，被秀吉疏遠了之後，投到秀次門下，秀次倚爲謀士，很受親信。秀次被誣謀反事件發生後，木村重前爲了獻策，夤夜避人耳目，乘坐一頂婦人座轎，進入聚樂第，秀次的邸宅，到了第二天清晨才出來，被石田三成偵知，即刻報告了秀吉。同時留駐在京都的大將毛利輝元，也遞到了一份秀次給他的盟約。這兩件事合併看來，顯然秀次是有異圖。而最奇怪的是，秀次忽然向朝廷呈獻了五千枚金錢，也被石田三成發現，更證明秀次有討好天皇推翻秀吉的意向。後陽成天皇的確與秀次私交很好，兩人都有文人氣息，吟歌唱和，時相酬應，聚樂第好像眞有聚書爲樂的意味。當然秀吉對於這一層也不免猜忌。根據石田三成的情報，秀吉於是派了專人到聚樂第，傳秀次到「伏見」——秀吉新建的都城。但是秀次到達之後，卻不延見，命他停留在城外一個亭子裡，下令褫奪了他關白左大臣的官位，即日將他放逐到高野山，由「興山」和尙看管。

石田三成的奸計已經達成了一半，他更進一步，力勸秀吉將秀次處死。秀吉起初十分猶豫，不忍下手，但禁不住石田反覆陳述利害，於是派了人傳令賜死。不過秀吉還希望看管的興山和尙會替秀次求情，饒他一命，哪知三成早就偷偷關照了興山去勸秀次自裁，秀次不肯。欽使到來時，興山不敢違抗，秀次終於不得不含冤切腹自殺死亡，一個庸碌平凡的人，忽然受到極不相稱的榮華，也忽然受到極冤屈的後果。死時才二十六歲。

自從拾丸出生以後，秀吉一心都替他嬌兒安排。他殺了秀次後，又聽從了那狠毒的石田三成的意見，將秀次一家老小數十口全部殺光，斬草除根，永絕後患。他心情輕快，可以從從容容地處理韓局，迎接明廷派來的使臣了。在什麼地方接見明使呢？京都是天皇宸扆之地，諸多不便，大阪呢？又形同堡壘，不像個雍容華貴、接待貴賓之處，並且早就決定將大阪傳讓給拾丸，作爲拾丸的領地，因此也不相宜。他在前一年，已經選中了距離大阪不遠，一處景觀絕佳的地方，建造一座新城，前臨宇治川，背倚木幡山，作爲他個人休閒的處所，他動員了二十五萬人夫日夜趕工，由遠遠的醍醐、山科、雲母坂等地搬來巨石，堆成假山石，除了城郭極爲宏壯之外，宮室之美更是瑰麗絕倫。殿堂的屋瓦是以眞金磨碎塗在上面，耀眼奪目，窮極奢侈，這座新城取名「伏見」，便決定在伏見延見明使。

戰事在膠著狀態之中，零星的接觸雖然仍不斷發生，但大規模的決戰卻眞的沒有。倏忽經過將近兩年之久，日方甚至將名震全韓的虎將加藤清正都調了回去，因爲他和小西行長的意見不合，是一味主張蠻幹到底的人。

明廷派出的「東封」使一直沒有啓程。沈惟敬知道只談「封」，而不及其他日方所提的七項要求，秀吉是絕不肯言和的。他與石星力爭。但是石星哪裡還敢向朝廷陳說，反而催他早日上路，不過許他多帶些珍寶，去向日方賄賂。沈惟敬不得已，拖延到了萬曆二十四年春，隨同了正副使到了釜山。正使李宗城，是太祖朱洪武外甥李文忠的九世孫，祖上雖然是英勇的武將，但傳到宗城，已是位文弱書生，不知輕重的紈袴子弟。朝廷選中了他，因爲他位爲列侯。皇姻之後，可以被日方器重。不料出任爲欽使之後，便耀武揚威起來，所到之地，盡情勒索，供帳稍有不如意之處，就大發脾氣。

沈惟敬心虛，深怕秀吉會變卦，他於是先到日本，誆說是去演習授封的大禮，帶了蟒玉翼奉冠、地圖武經等貴重物品，與小西行長渡海去覲見秀吉，獻上這幾樣在朝儀中認爲極高貴的禮物，以討秀吉的歡心。惟敬用心良苦，可惜秀吉的欲望卻不只在一頂蟒玉翼奉冠。

這時李宗城也渡了海。第一站是對馬島，已是日本地界。對馬太守儀智竭誠招待，宗城雖然已經踏進另外一個國土之內，但是形態不改，依然誅求無厭，儀智爲了滿足他的要求，甚至入夜還要遣送美女去伺候。

宗城在對馬樂不思蜀。他著了迷，每天浸在溫柔鄉中，盡情享受，忘了他的使命，停滯在對馬島上，不肯再往前進。儘管日方不斷催促他上路，他都不理。那時雖然還未開春，但宗城的春情已經怒發。他昏了頭，聽說太守儀智的妻——小西行長的女兒——有絕色。他玩厭了島上的美女，居然大膽地想去玷汙太守的太太。太守大怒，卻不敢魯莽行凶，令人去警告他。不料他竟禁不起恐嚇，以爲太守要來殺他，馬上連夜逃跑，但因人生地不熟，迷失路途，經過一片森林時，他一時情急，竟想懸樹自縊，經他的從者追來，救下，送他回到韓國的慶州。副使楊方亨不能不將詳細情形報告朝廷。萬曆帝大怒，將這位遺棄璽書、有辱使命的皇皇大員李宗城，逮問下獄了。

明廷不得已，只好將楊方亨升爲正使，由沈惟敬補爲副使，加他神機營頭銜。

「東封」使經過李宗城的滑稽鬧劇之後，不能不繼續演下去。沈惟敬則因此升了官，位爲副使，便可以施展他的詭計。不過他也清楚豐臣秀吉，絕不會甘於接受一個空空洞洞的封號，就會滿足，但這時箭已在弦上不能不發，只好硬著頭皮繼續玩弄手法，利用雙方在漢文上的隔閡，在互相誤解的夾縫中，求得能將「東封」大典順利舉行完畢，他的任務便算成功。

他於是串通了小西行長，在舉行授封大禮的時候，預定由精通漢文的高僧任翻譯，請小西密囑這位高僧，在宣讀明帝的詔書時，將其中的若干文句，和沈惟敬所傳達的，有牴觸的部分，不要譯出。

到了九月初三黃道吉日，秀吉穿戴起沈惟敬由明廷帶來的冠冕袍黻，根據《明史》的記載：

受封，行五拜，三叩首後……

由高僧宣讀冊書，高僧讀一段，譯一段，翻譯得十分吃力。文曰：

……聖神廣運，天覆地載，莫不尊親……

這一段高僧打起精神照譯了。然後又讀到：

龜紐龍章，遠賜扶桑之域，榮施鎮國之山，嗣以海水之揚，偶致風占之隔，當茲盛際，宜鑽彝章。

這一段，苦了老和尚，他不知所云地胡亂翻譯出來，底下這一段：

咨爾平秀吉，崛起海邦，知尊中國，西馳一介之使，欣慕同來，北叩萬里之關，懇求內附，情既堅於恭順……

這一段，他懂，順口譯了出來，卻忘了小西的囑咐。這時秀吉已經不耐煩，聽到了再下面的一句「封爾爲日本國王」時，秀吉勃然大怒，由高僧手裡將冊書奪下，扯碎，再將頭上戴的冠冕，身上披的袍黻，全部扔了一地，登時秩序大亂，嚇得明廷的兩位使臣面色如土。

根據《明史紀事本末》，秀吉發怒的原因，完全是對韓國，而與明廷無關，《紀事本末》的原文如下：

……朝鮮王議遣光海君致賀，已而聽孽臣李德馨言，使州判奉白土紬爲賀。秀吉怒，語惟敬曰，若不思二子、三大臣、三都、八道悉遵天朝約付還，今以卑官微物來賀，辱小邦耶，辱天朝耶！

這一段記載，顯然是根據沈惟敬的奏摺寫的，將「東封」失敗的責任，完全諉罪於韓王。且看《日本外史》怎麼寫：

秀吉罵曰，吾掌握日本，欲王則王，何待髯虜之封，且吾而爲王，何以對天皇！乃召行長誚讓曰，汝敢欺罔我，以爲我邦之辱，將併汝與明使者，皆誅殺之……即夜命加藤清正等逐明、韓使者，遣歸，使謂之曰若亟去，告爾君，我將再兵屠爾國。

這一段活生生的描敘，刻畫出一個自以爲是目空一切的暴君形象。的確，當時秀吉的氣概，必然是橫蠻狂妄之極，尤其朝鮮之役中，他的軍將攻無不克，戰無不勝，怎麼可能忽然自降身分，受明廷空洞的封誥？他之肯於穿戴起明廷所頒發的衣冠，無疑是受了沈惟敬的花言巧語，譯文的不忠實而發生了誤解，以爲明廷封他爲中國某地的皇帝，因此欣然接受。及至他發現受騙，使他當場出醜，他豈有不勃然大怒的。

沈惟敬弄巧成拙，原以爲日人頭腦簡單，只要秀吉接受了冊封，他便可以交差，至於以後是凶是吉他都不管，不料魔術沒有變成，沒有能完成「東封」的使命，只有再回過頭來，騙自己人了。他於是再串通了正使，謊奏明廷，說秀吉已經受封，但因秀吉不滿韓王之所爲，所以一時還沒有謝表。他以爲這樣天衣無縫，卻沒有想到秀吉的行動偏偏不肯與他配合，已經下令加藤清正率領了水軍，又開始進攻韓境了。馬腳再度暴露，明廷十分詫異，窮詰之後，正使楊方亨不得不吐出了實情。萬曆帝大怒，將兵部尚書石星下獄按問。

沈惟敬失去了朝內的支柱，落魄如喪家之狗，他還仰仗著和小西之間的私誼，想投靠日方，仗他神機營的頭銜，可以任意出入。於是他便穿梭在中日兩陣營之間，當起十足的漢奸。

薊遼總督邢玠，察知沈有異志，假說勞軍，將沈惟敬捉到，解送到麻貴的大營裡去。從此明廷不再言和，「封」「貢」之議完全斷絕。沈惟敬聰明反被聰明誤，和石星一同伏法了。

明廷爲了征倭，起用麻貴爲備倭大將軍，僉都御史楊鎬爲經理，再以兵部尚書邢玠轉任總督，統御全局，賜尚方劍。麻貴是武將出身，在大同守邊，有過很多的作戰經驗。楊鎬卻是文人，萬曆八年的進士，在朝中有很多知交。雖然他也從過軍，偕同大帥董一元，在雪夜裡度墨山，襲擊過蒙古，獲了勝仗，但他絕不是能衝鋒陷陣的勇將。這次他奉命征倭，在官階上除了邢玠而外，是他最高，成爲前線的總指揮。

日軍有過前次的經驗，知道孤軍深入十分不智。他們嘗到過明軍的厲害，不敢貿然挺進，尤其朝鮮連年戰禍，田疇荒蕪，餓莩遍野，給養的就地取給，極爲困難。最嚴重的是，負責運輸的石田三成拒絕「既涉波濤，再越嶮巇」地去接應糧秣。因此日軍的侵韓行動，與前次大不相同，只停留在沿海幾處咽喉要地，以釜山爲中心，占領了附近的城鎮，互爲犄角。他們的總兵力依然有十餘萬人。明軍方面，也與前不同，戰線拉長了很多，需要駐守的據點分散在各地。現在是反攻爲守的態勢。

至於韓王的兵將，雖然也拚死作戰，犧牲慘重，但只是一支不受尊重的友軍。明廷每逢蒙受挫折的時候，最好的推諉方式，便是責難他們。而韓軍的高級將領也實在不爭氣，在艱難之中，還要爭功相妒。屢建奇功的水軍節度使李舜臣都會被讒下獄。

就在這樣的情況下，明廷重整軍旅，由總督邢玠徵調了全國各地軍兵，分爲三軍。李如梅將左軍，李芳春將右軍，高策將中軍，以楊鎬、麻貴任統帥。眾將集議的結果，是採取攻堅的戰略。認爲加藤清正最悍勇，解決了他之後，日軍必然瓦解，而這時日方的配置，由於得到明軍大舉來攻的情報後，便紛紛退保幾個重要城鎮。加藤清正據「蔚山」，小西行長據「順天」，由東西兩面拱衛「釜山」，釜山是日軍的大營、重兵之所在。

蔚山濱海，距離釜山約一百公里。小西行長所占據的「順天」則更在西，也是一個港口。明軍於是集中精銳主力去攻打蔚山，另外派了一支軍佯攻順天，吸住小西，使他不能馳援，明軍圍攻蔚山十分英勇，《紀事本末》寫道：

> 裨將陳宗，身先士卒，冒彈矢勇呼而上，砍柵兩重，清正白袍躍馬督倭拒守，至其第三柵，垂拔，楊鎬遽令茅國器竊割倭首級，戰稍懈，復以李如梅未至，遽鳴金收兵。詰朝如梅至，柵已修復，攻之不拔。

這是因爲楊鎬偏袒他的好友李如梅，不願意別人奪了如梅的首功，因而失去了攻破蔚山的機會。蔚山難攻不下，楊鎬又決定圍困的戰略，將蔚山團團圍住，楊鎬知道日軍糧秣不濟，以爲可以將加藤清正和他的部卒全部餓死。圍了十晝夜，日軍在這十晝夜之間，確實是度日如年，但是並沒有餓死。

在這十晝夜的時間之內，釜山的日軍怎麼可能毫無動靜。他們動員了主力，將明廷第一軍的高策擊退，然後會同了小西行長的水師，由三方面包圍楊鎬。楊鎬得到朝鮮將李德馨的報告，大驚，《紀事本末》寫道：

> 鎬不及下令，策馬而奔，諸軍無統帥，皆潰。加藤清正於是開栅追擊，明兵死二萬。

這是最重要的一次戰役，楊鎬還想隱瞞，被御史將他戰敗實情奏聞之後，萬曆帝大怒，要將他處死，但是朝中有人回護營救，僅僅免了職。這時已是萬曆二十六年的正月。

蔚山之役後，戰鬥雖然未停，也互有勝負，不過沒有大規模的激仗。到了八月豐臣秀吉死了。石田三成傳了他的遺命，召回在韓的諸將。七年的戰禍，算是平息。「喪師數十萬，糜餉數百萬，中朝與屬國迄無勝算。」這是《明史》的最後結論。由七年之戰中，可以看出雙方的優劣。明廷的策略，初以爲用懷柔的方法，便能換取和平，稍後首鼠兩端，究竟是和是戰，一時都決定不下來，再則不明敵情，以爲用「封」「貢」，就能安撫一代梟雄豐臣秀吉。而最不該起用了市井無賴沈惟敬，委以壇坫大任。這一連串的錯誤，當然只能自取其辱。但這該死的沈惟敬，賣弄他的玄虛，卑諂便給來取悅他的長官以及敵人，尤其對那悖慢無禮的倭人，竟卑躬屈膝，甚至自請「乞降」，不敢「言和」，使得青史上留下難以洗滌的汙名，最後還要靦顏投靠小西行長，當了有史以來第一名媚日漢奸。

在處分敗將方面，明廷的舉措也不公允。楊鎬顯然貽誤軍機，皇帝雖然震怒下令聽勘，但他朝中有人，營救之後，居然把他所犯的罪名「身為統帥，率先逃遁，損兵折將，謊報軍情」等等，都一筆勾消，最後還能以原官敘用。

但同樣姓楊，在「援韓」之役中，同樣的棄城而逃的武將楊元，卻殺了頭。楊元實在情有可原，他苦守「南原」已經幾晝夜，竭力抵抗加藤清正大軍的猛攻，清正久攻不下，率眾佯退，楊元以為敵已遠去，便解甲休息。不料清正乘深夜，偃旗息鼓，又偷襲過來，楊元來不及披掛，只好「跣足而遁」，成為他不可赦的罪名。楊元立過戰功，他是李如松座下得力將校之一，平壤大捷時，是第一個攻破小西門的人，只可憐李如松已死，沒有人替他求情，竟做了刀下之鬼。

至於日方從軍赴韓的眾將，沒有一個不是身經百戰的人，但是也有棄城而遁的。大友義統是第三軍的主將，駐屯在鳳山，平壤之役，聽到小西行長的敗訊，不但沒有領兵去援救，反而倉皇逃往王京。秀吉十分震怒，但最大的責罰只不過是削去封地而已，比起楊元，實在幸運得多。

明廷重文輕武，對武臣的處罰過嚴，顯示出十分不公，成為日後覆亡的主因。至於日軍的陣營裡，最大的缺失，則是諸將之間的爭功不和。秀吉由於老母在堂，沒有能親征，使得諸將各憑自己的英勇，在朝鮮橫衝直撞，沒有人敢加以約束。加藤清正與小西行長之間，只顧爭功，單獨作戰，證明了這不是一支有步驟、有計謀、能互相照應配合的整體軍隊。倘若明廷有像俞大猷、戚繼光這樣的將領，應該也不難將他們一鼓蕩平。何況日營裡，還有一個心胸狹小、毒害才能的石田三成。他雖然只不過是負責運輸糧秣、接濟軍需的「奉行」，但是控制全軍口腹的人，誰敢抗顏。自然而然的他成為秀吉的代表，事實上的統帥。他並且是秀吉面前的寵臣，幾乎言聽計從，甚至像加藤清正這樣的大將，都會由於他的進讒，使得秀吉大怒，將清正從朝鮮前線召還。

加藤清正被調回京都之後，石田三成傳命不許他晉見秀吉。這一手法十分惡毒，當年源賴朝和他共患難、共生死、立過大功的嫡親手足源義經斷絕情誼的時候，就是採取這不許覲見的方法，使得義經有理無從訴，有冤無從白。源義經此後只有走上絕路。那時源義經還有天皇庇護，有朋友資助。但是清正向來只靠秀吉一人，如今不許相見，是迫他自殺。

這時上天救了他，忽然京畿一帶大起風暴，又發生強烈的地震，秀吉新建的伏見城的城牆被震壞，壓死了好幾百人，在京都的清正聽見消息，不知秀吉的安危如何，就不顧禁令，率領了他的親兵直奔伏見，一直衝進秀吉的居室。秀吉這時正與夫人在內室席地而坐，見他來，喜道：「阿虎！（是清正的小名）你來得好快！」清正於是匍匐問安並請罪。秀吉望著夫人說道：「看阿虎！他本來胖胖的，現在落得這麼憔悴！」清正本來和秀吉是姨表兄弟，比秀吉小二十多歲，從小追隨他，轉戰各方，數立奇功，原是秀吉的心腹大將，不過聽了石田三成的讒言，才生他的氣。第二天，秀吉再將清正喚來，推問他朝鮮的戰況，清正向秀吉傾洩之後，秀吉也恍然大悟，知道是錯怪了他。但是並沒有因此而疏遠了石田三成。

三成是個謀士，能揣摩秀吉的心意，每次進讒，都極有分寸，絕不會冒冒失失地說人短處，而是迎合了秀吉的意向，陳說利害，從容進言，他設計陷害秀次，又矯命賜秀次自裁，何嘗不是秀吉的本意，秀吉只不好意思自己說出來而已。這回召返加藤清正，表面上好像是聽了三成的小話，但壓殺加藤清正的威風，正可以藉此整肅在韓眾將的囂張之氣。秀吉深知清正是個敦厚重情感的人，對他苛責一些，絕不會記恨，更不虞他會因此而反，但確實可以有殺雞警猴的作用，使得一軍皆驚。

另外一樁公案，是蒲生氏鄉，一個極爲壯健的漢子，忽然暴斃。氏鄉比秀吉小二十歲，他方屆不惑之年，一表人才，文武雙全，頗負時望，氏鄉自己也認爲他將是秀吉的繼承人。但是秀吉是否能容忍這樣的角色存在？文祿四年，拾丸出生後三年，氏鄉突然嘔血，醫藥罔效，堂堂七尺之軀，就此一命嗚呼。傳說他是被三成所毒死。而如果是眞，則三成背後，可能還另有人主使。

秀吉已是五十九歲的人，自覺衰老，他幾次試探德川家康，看他有無篡奪意向，家康謹愼，沒有露出半點破綻。氏鄉則正當血氣方剛的壯年，免不了會擺下一些狂態。秀吉難免會想，此人將來必不肯忠心耿耿侍奉豐臣氏的後人，孤兒寡婦的命運會很慘了。因此如果氏鄉之死是被人謀害的話，秀吉是難脫干係的。

以上說明了不論是大明的天下，抑或是豐臣秀吉的政權，在朝鮮戰役之後，都顯示出窮竭的景象，時代將要大變了。

時代開始轉變

日本後陽成天皇慶長二年，豐臣秀吉六十二歲，他自己感覺到衰老，連刀都懶得自己提，由隨從代勞了。

他的老友一個個死去，使得他膽戰心驚，知道不久便要輪到他自己。六月裡，朝鮮戰役中，領第七軍的小早川逝世。在碧蹄館之戰，小早川初顯身手，大破李如松，是《明史》裡描敘的「金甲酋」。他一向忠於秀吉，是秀吉所倚重的老將，如今溘然而逝。八月裡，足利義昭病故。義昭在織田信長稱霸時期，始終不服，一心想恢復足利氏征夷大將軍的威勢。但自從秀吉承襲了信長的地位之後，義昭便乖乖歸順。由秀吉將他安置在大阪，做寓公，不再轉他那合縱連橫的迷夢，並且索性出了家。由秀吉推薦，受了朝廷的「准三后」的最高待遇，一直到臨終，都安安靜靜禮佛度日，偶爾也與秀吉談論往事，成為秀吉清談的對手。他比秀吉小一歲，臥病數日之後，遽告不治。這接連而來的訃報，很自然地使得秀吉感覺到，從此好境無多，黃昏已近了。

他放心不下的，是他四歲的小拾丸。拾丸和棄丸一樣，心肝寶貝似地被他寵愛，一年前正式取名爲「秀賴」。秀賴者，秀吉之所賴也，但是眞能倚賴得住麼？很是問題。他如一死，留下了一個剛斷奶不久的孤兒，和年紀輕輕的寡婦，他怎麼能捨得，怎麼能防止不被他那些虎視眈眈、有野心的強梁部屬所吞噬！

秀吉不能不預爲綢繆。秀吉是靠權術、計謀、武力起家的，很少知心莫逆的朋友。唯獨一個他可以信任得過的，是前田利家。利家爲人忠實，是他的老同僚，被他擊敗了的情敵，成爲親密戰友之後，還當了他的老岳丈。將孩子託孤給他，固然妥當，不過利家也已年逾花甲，只比他小兩歲，就算靠利家託孤，也託不了多久，何況利家爲人老好，未必能壓制得住周圍的虎狼，但除他而外，再也找不到第二個可以放心得下的人。

秀吉於是任命了利家，作爲秀賴的師傅。乘自己還在世時，命令最有權勢的重臣德川家康等以次，都寫下「誓書」，效忠他的嗣子秀賴。

「誓書」，這張白紙黑字的紙條，在日本行之已有幾百年，是表明心跡的契約，赤誠的代表。但究竟和赤誠不同，背叛誓書的人史不絕書，不過雖然靠不住，總算留下了效忠的痕跡。

秀吉確實是老了，他喪失了壯年時代的氣概與信心。當年他在北野舉行大茶湯時，毫無戒備，與民同樂。現在他到醍醐郊遊賞花時，看得出他心虛膽怯來。慶長三年的三月十五日，經他親自種植的櫻花已經盛開，由妻妾們圍繞，近臣隨從侍奉，而禁衛的森嚴，則是前所未有，根據《太閤殿下軍記》裡所載：

這次太閤殿下的賞花範圍，是去觀賞上醍醐到下醍醐之間的櫻林。這一區域四周的山上一片花海，實是壯觀。警衛中心共有二十三處。其中戒備的武器，除了弓箭長槍之外，還有新式火器。由「伏見」一直到醍醐之間，衛士及軍隊絡繹不絕地巡邏監視。這區域與外界之間，建立了不知有多少層的木柵……

這一記載的本意是想描敘秀吉的威武，但不料卻暴露了秀吉與老百姓之間已經完全隔絕，秀吉不再想與民同樂，心目中不再有人民。現在只有他寶貝兒子秀賴了。

六月裡秀吉開始感覺不適，朝廷特地演奏了「御神樂」，祈禱秀吉的早日康復，但是沒有效，到了七月半病勢加重，他命令各地諸侯都寫下「誓書」，效忠秀賴，彙總了之後，交由前田利家和德川家康保存。八月，家康、利家，以及「五奉行」，都再度呈遞了效忠的「誓書」，並且又互相交換了一份。

秀吉自己感覺到死期已近，在八月初五，召集了前田利家、德川家康、毛利輝元、浮田秀家、上杉景勝等五人，稱他們爲「五大老」。一切大事都由五大老商議決定。小事則委由

「五奉行」辦理。然後他囑咐後事：

一、他個人的旌旗、馬標傳給秀賴。親兵七隊暫由原隊長率領，秀賴長大成人後，由秀賴親領。

二、秀賴應移居大阪，由前田利家監護。

三、德川家康留駐伏見，處理政務。

四、命淺野彈正、石田三成二人赴朝鮮，辦理撤還軍兵事宜。

最後他留下了一通遺書，寫道：

> 吾子秀賴尚幼，敬懇輔教。我對秀賴十分放心不下，務請五大老撫養，以至於成人。神明佑之。此致
>
> 家康　利家　輝元　景勝　秀家
>
> 八月五日　　　　　　　　　　　　太閤花押

這是他神志還清醒時親筆寫下的。不久他便陷入彌留。再過了十三天，看看就要斷氣時，忽然張開兩眼，叫道，「不要讓我十萬兵做了海外鬼！」一代梟雄，萬分捨不得愛子、惦念著十萬大軍的豐臣秀吉，終於牽腸掛肚地離開了人世。年六十三歲。時為慶長三年，西曆一五九八年，明神宗萬曆二十六年戊戌，八月十三日。

這年春，明廷下了決心，和七年來糾纏不清的日寇決一雌雄，命令邢玠重整各軍，率領水陸四路兵將，大舉進攻。中路，李如梅；東路，麻貴；西路，劉挺；水路，陳璘。部署剛完成的時候，忽然傳來噩耗，大將李如松在遼陽前線上遇伏，敗歿。這一重大打擊，使得明廷不得不重新部署，只好立刻調李如梅——如松的胞弟——馳往遼陽，接替他兄長的遺缺。

在這擾攘期間，秀吉死了。日方深怕秀吉的死訊會影響在韓遠征的軍心，一時秘不發喪，在資訊工作十分落後的當時，中日雙方都還不知道，發動大戰的元凶已經不在人間。

遞補李如梅的，是董一元。他是防守遼寧邊疆的名將，屢建奇功。有名的雪夜度墨山，襲擊蒙古，獲得大勝的，就是他。這時他奉命領中路。他輕視了日軍，同時急於立功，在進取了晉州之後，又連毀了日方的永春、昆陽兩寨，近迫到新寨。新寨的主將是島津義弘——秀吉討伐薩摩時，所收服的降將——驍勇善戰，在這次戰役中，還沒有機會顯過身手。新寨的地形險要，三面臨江，一面通陸，又引海為壕。附近還有金海、固城兩寨，作為左右翼，可以互相呼應，正面通東陽倉，日軍存儲糧秣之所。

董一元不肯先解決金海、固城，貿貿然地下令攻新寨，燒東陽倉。一元的戰略是用大砲毀城堡，用步兵拔木柵，再以騎兵衝殺。在寨門已經被爆破，步兵競前拔柵的時候，忽然明營的一尊大砲炸裂，火藥發煙彌天，轟然巨響，使得為首的幾匹戰馬驚駭，回身狂奔，所有馬匹追隨而去無法制止。在這混亂當中，日軍乘勢衝殺，金海、固城兩寨的日軍又來接應。明軍於是大潰。

這時已屆初冬，距離秀吉之死，已有好幾個月。日本國內對前線戰況並不知情。只因秀吉之喪已無法再瞞，公布之後，人心惶惶，謠言四起，傳說日軍的歸路已被切斷，明廷的大軍即將登陸。在舉國驚慌之中，負安全責任的德川家康、前田利家兩位老將只有挺身赴援，正當準備出征的時候，得到新寨的捷報，總算安定下來。

明廷以及韓國的君臣得到秀吉的死訊，都欣喜若狂，舉朝相賀。明廷急令邢玠督率全軍進剿。

日方眾將奉到班師的遺命，迫不及待地搶先撤退。加藤清正第一個率領所部走了。新寨大捷的守將島津義弘在退出時，已被董一元重新包圍。他奪路而走，狼狽不堪地到了巨濟島。小西行長還作困獸之鬥，殺出一條血路，退到船上。於是展開海戰，明廷老將鄧子龍偕同朝鮮統制使李舜臣，駕三巨艦爲前鋒，子龍雖然已經年踰七十，依然十分矯捷。他率領壯士躍上敵船奮擊，不幸被友軍的火器擊中而死，李舜臣趕來相救時，也被敵箭射中。

明水師雖然將日船全部擊沉，但折損了兩員大將。這次海戰在哀痛中結束。小西行長命不該絕，乘機獨自逃脫，找到了在巨濟島的義弘，一同逃歸對馬島。

由於豐臣秀吉荒唐的「一念」，掀起了這場無謂的虎頭蛇尾的侵略戰事，七年之間，不知死了多少人，整個朝鮮版圖被蹂躪得像一片焦土。明廷的元氣也大受損傷，良將精兵死傷之外，國庫也爲之空虛，從此明廷便振作不起來，以至於亡國。至於日本也一無所獲，也許掠奪到一些小財寶，學習到一些小技藝，卻在中韓兩國人民的心目中，留下了千古難以磨滅的侵略印象。

不過在這次的戰鬥中，日本民族已經顯示出他們的長處，他們的勇敢負責，忠誠而不虛僞，從來沒有謊報過勝利。秀吉所用的降將，小早川隆景、島津義弘等人，都能忘卻舊日的怨隙，一心爲國效命。這都是大明的文武官員所不及。

秀吉死後，日本驟然間恢復了平靜，不過復員工作並不順利。各路諸侯率領了他們的部屬，歸還原防，心中卻各懷鬼胎。秀吉預料得沒有錯，在群龍無首的情況下，野心家自然會有所圖謀。因此在他臨終前，特地命令在各人提出的誓辭裡，明白訂下必須遵守的幾項禁條：

一、不得樹立私黨。

二、不得不顧公義。

三、不得變心。

四、不得任意締結婚姻。

五、不得互相交換人質。

以上這些禁條，恰好是當時諸侯之間爲了培植自己的勢力，所經常觸犯的。不過儘管秀吉有此預見與禁條，但一紙誓書，能有多大的拘束力?利害當前時，誰還能遵奉!在復員工作一開始時，裂痕立刻顯出。

石田三成奉秀吉遺命，在那古邪迎接並且慰勞由朝鮮歸來的各路兵馬。他傳達了秀吉的各項感謝慰勉的遺囑之後，說道：「各位回到各自的領國之後，來秋希望再來相聚，我將以茶會招待！」不料此語一出，眾將還沒有表示意見時，在座的加藤清正馬上大聲叫道：「俺，堅守孤城七年，吃慣了稗子粥！俺才懶得來赴你的茶會！」對石田的邀請澆了一頭冷水。石田三成在五奉行之中支配了庶政，偏偏他又愛弄權，自然招怨，眾武將之間沒有不討厭他的，唯獨小西行長與他相契甚深，在朝鮮戰役中，論功行賞時，小西得到他的幫助，受到不少褒獎，引起眾武將的憤懣。加藤清正更是恨得他牙癢。加藤不但吃過他大虧，並且也深鄙其人，在這歡迎席上，忍不住藉機發洩。

五大老之中，當然以前田利家與德川家康兩人的地位最重要。前田利家不但受顧命，並且指定爲小秀賴之傅，伴居大阪，同時也算是秀吉的岳丈，有義務要照應秀吉的家小。石田三成爲了方便起見，也處居在一起。前田有了這樣一位能幹的助手，可以隨時差使，眞是求之不得，而三成有了這樣一位好好先生爲靠山，做後台，更可以假藉小嗣主母子秀賴與淀君的名義，爲所欲爲了。

德川家康則移居在伏見——秀吉發號施令的老地方。現在一切重要政令，還是由伏見頒發，不過頒發的人換了家康。這也是秀吉遺命中所指定。對於這樣的處置，本來不該有異見，但是貪權的人，最恨大權不能獨攬，久懷異志的石田三成對於家康萬分妒忌，但是由於地位上的懸殊，他一時也無可奈何。家康已位爲內大臣，而三成只不過是治部少輔。而和家康的地位差不多的，除了前田利家之外，更無別人。詭計多端的三成於是串通了在家康身邊任職的增田長盛，共同來做離間兩人的工作。爲人忠厚的二老屢次被騙，果然互相猜忌起來，甚至使得前田利家氣得想回老家歸隱。

石田三成不但離間德川與前田之間的感情，他另外還勾結毛利輝元。毛利輝元可以算得是秀吉相知莫逆的朋友。十幾年前織田信長被弒的時候，秀吉正奉命討伐毛利一族，雙方在「備中」對峙，準備大戰。秀吉接到織田信長的凶耗，沒有隱瞞，立刻通知了敵方。輝元本來可以乘秀吉在大喪之際，揮兵猛攻，但他深感秀吉態度光明，不願乘人之危，反而撥出一部分軍力，幫助秀吉去消滅逆賊明智光秀。輝元與秀吉之間從此成為知交。這時輝元仍然保有絕大的實力，不亞於德川家康。在朝廷的官位上，也已達到了中納言，僅次於大納言的前田利家。

石田三成不斷與輝元往來、交結，當然是在對付德川家康。同時德川家康也有令人非議的行爲。家康的小兒子由人說媒娶了伊達政宗的女兒。家康的養女嫁給了福島正則的兒子忠勝，另外一個養女，也和蜂須賀家政的兒子訂了婚，這三位親家都是雄據一方的強豪，被石田三成摘發，報告前田利家，認爲是違反了秀吉所遺的法度，由諸大老公議，將家康由五大老之內除名，使得家康異常難堪。

不過忠厚的利家，對於這件事，自己也覺得做得過火。慶長四年二月底，特地由大阪親自到伏見，訪問家康，請求諒解，同時他自覺老邁不堪，並且多病，恐怕不久人世，將秀賴重重地託付家康後，回到了大阪。果然不久他便病重，家康在三月十一日趕往大阪探望時，他已經奄奄一息，延到閏三月初三，利家一命嗚呼了。

一向以前田利家爲護身符的石田三成，忽然失去庇蔭。他的仇家見機不可失，在初四夜裡，由加藤清正爲首，聯合了七員大將，殺奔三成家裡，不料有人急報，被他逃走，逃到浮田秀家家裡暫時躲起。他算定了這時只有家康不會殺他，只有家康能抵得住加藤清正的追殺，他於是硬著頭皮再馳往伏見，投靠家康，請求收留，留得一命。

德川朝代開始

石田三成投靠到德川家康帳下之後，由家康出面調停，向加藤清正等七人說項，好好責訓了三成一頓，平息了七人的怒氣，然後將三成遣返他領地佐和山去，算是結束了這次的糾紛。三成經過這次的教訓後，理應對家康感恩圖報才是，但他仍然中心耿耿；雖然不敢明目張膽地再施出什麼陰謀詭計，但暗中不斷地與各方強豪聯繫，俟機而動。不過在表面上，對家康十分恭順服貼，因此家康也獲得了一時的安靜。

慶長四年九月初九，重陽佳節，家康爲了向秀吉的嗣子小秀賴致敬，特地由伏見趕來大阪，暫時寄宿在原來石田三成的邸宅，這時空出無人。他除了向秀賴賀節之外，又去拜謁了秀吉的正室，由秀吉封爲「北政所」的八重夫人。她住在大阪城內的「西之丸」。夫人看見家康到來，十分歡喜，立刻懇切地希望家康留下，情願自己回到京都去，而將「西之丸」讓出給家康居住。家康原本不肯，後來由於增田長盛的密告，才知道北政所另有隱情。原來夫人察覺小秀賴的生母淀君幃幕不修，似乎和她的老侍女的兒子大野治長有苟且，夫人自己不便追究查辦，只望能遠離是非之地，不聞不問，而倘若家康能挺身出來，替豐臣氏整飭家聲，正是感激不盡。家康考慮再三，這事雖然棘手，但此時除了他之外，更無人能插問。他受秀吉知遇，義不容辭，答應了下來。夫人移軒去了京都之後，他便打算搬進西之丸，將政治中心由伏見移轉過來，而命他次子秀康守住伏見。他這一布置，當然都被淀君和大野治長所偵悉，並使他們有了警惕。淀君知道家康此來，必然會有行動，不如先下手爲強，乘家康還未就緒的時候，就將他幹掉。恰好前田利家的兒子利長，在他父親亡故之後，承襲了父親的地位，對於家康的權勢十分眼紅，十分嫉妒，另外還有幾位小心眼的人也都想去掉家康而後快，大家集合了起來，準備在家康入城的時候，將他刺殺。他們這一奸謀，又被增田長盛告密，揭發了出來。家康便以迅雷不及掩耳的手段，將大野治長流放到下野去。前田利長由於他母親前田利家夫人哀哀求情，並且甘願自做人質，被遣送到江戶去，才免於處刑。淀君只有暗暗叫苦，從此把家康恨如切骨，誓不兩立。

一代名將，越後的上杉謙信死後，由他的義子景勝嗣位，歸順了秀吉。在北條之役後，由秀吉轉封，以會津爲中心，領有仙道、奧羽一大片土地，成爲北部的重鎭，同時也被秀吉遴選爲顧命的五大老之一。秀吉死後，他聞訃奔喪，在大阪整整居住了一年。由於領內諸事待理，辭別了秀頼和家康回到領地。他回去之後，免不了整修領內的城堡、橋梁、道路，以及招訓兵丁，更新各種裝備武器，竟惹起了誤會，謠傳他有反意。他部下的將佐很多是越後出身的老人，追隨他到了新任所，仍不免眷念故鄉，不時前往探望，而越後的父老每逢故人來訪，總是吐些苦水，對新來的統治者表示不滿，因此新人與舊人之間常起齟齬。新人自然又會告到家康那裡，認爲舊人有併吞的企圖。

家康接到各處的情報之後，焉能不理，要求景勝解釋，而景勝又認爲這種無謂的風說，根本不值得申辯，未加介意，因此更引起各方對他的狐疑。家康屢次派人勸他上京，他都支吾其辭，未肯遵行，越發使得事態嚴重起來，終於不得不下令限定日期，命他親來京中當面陳辯，如果逾期不來，便證明他確有謀反的企圖，將明令討伐。上杉景勝對於這樣的威脅哪裡能屈服。他寫了一封極爲傲慢的長函，申述他抗命的理由，並且指摘家康處事不公，函中最後一段寫道：「今世之人，昨尙圖謀不軌，今已腆顏上京，並迅蒙賜官爵，一旦權勢交加，即不知天下有羞恥事而到處周旋，此即爲當今世風，非景勝之所能也。」

家康接到這封絕交書之後，勃然大怒。最後這一段明明是譏諷他，使他萬分難堪，便立刻下令討伐。幾位文臣奉行，以秀吉的墓土未乾，不宜大動干戈，前來諫阻。但還有少數幾位沒有返歸的秀吉舊部武將，卻一個個摩拳擦掌，都自願追隨家康，再去立功。於是在慶長五年六月十六日，家康由大阪出發，準備回到他自己的領地江戶，聚集大軍，然後北伐。

小嗣主秀賴聞訊後，親來送行，餽贈了一份厚禮，黃金二萬兩、白米二萬石。這份賞賜證明了小嗣主也贊同他的行動，從此師出有名是奉命討逆，而不是和上杉景勝鬧意氣。他途經伏見城，是他奉秀吉遺命留駐處理政務的舊地，免不了要重遊一番，走進秀吉以前大會群臣的千席大廳時，不禁仰天大笑，秀吉所創立的基業似乎要落到他手裡了。

原在伏見留守的，是他的次子秀康，這時命他隨行同往江戶，改派另一員老將鳥居元忠進駐。元忠十二歲時，就來三河城伺候他，跟隨他一同受苦，後來又東征西討立了不少戰功，現在又老又跛，但豪氣不減，奉命留守，充滿信心，絕不負所託。二人揮淚而別。家康率領眾兵將，緩緩前進，到了七月初二才到江戶。這一行程費了十七天。

在這十七天當中，起了極大變化。敦賀城主大谷吉繼，以前蒙石田三成推薦，十六歲時就當了秀吉的近侍。大谷為人聰慧機敏，很受秀吉寵信，累官晉為刑部少輔，聲名很好，秀吉死後歸依家康，因患癩病影響了視力，辭官返里。這時奉了家康的召集令，率領所部，預備馳赴江戶，道經佐和山，派人邀請他的老友三成前來相聚，不料三成堅請他相訪。三成抓住機會，和他密商推翻家康的計畫。大谷大吃一驚，本不贊同，但禁不起石田的反覆勸誘，動以情誼，大谷終於答應下來，做了三成的軍師。

三成得到了大谷的資助之後，逐步進行他反家康的陰謀，他早與毛利輝元有過默契，互通音問。這時他聯合了所有的「奉行」（他的老同僚），共同致函毛利，推他為總大將，並且迎接他到大阪來，占據了家康處理政務的西之丸，然後發布了討伐家康的檄文，內中先敘明了對豐臣秀吉的恩義，擁戴秀吉的後嗣秀賴，同時舉發了家康違反秀吉所訂的大法十三條罪狀，這全是三成所策畫，他成為政變的幕後主腦。

三成進一步，將追隨家康北征眾客將留在大阪的家小，全部拘禁了起來，要挾她們函勸她們的丈夫倒戈反正，否則便將她們處死。

家康接到「苦迭打」的噩訊後，很能沉得住氣，大會眾將，將石田三成的行動，毫無保留地報告出來，附加說道：「諸君有願意去幫助石田三成的，請便，我絕不留難！」座中福島正則立刻大叫道：「家康！大家都知道你奉秀吉的遺命，竭忠盡智輔佐幼主，我絕不受石田三成這渾小子的蠱惑，我願意當先鋒去滅了他！」然後他又說道：「老婆孩子的生死，我管不了許多了！」於是眾將異口同聲，都誓死悉力去對付石田。福島本來是秀吉手下的勇將，在賤嶽之戰中，是「七支槍」之一，夙負盛名。他粗暴凶狠，朝鮮戰役裡也曾大顯身手，不過他的軍功多次都被石田所抹殺，因此恨透了石田，對家康卻特別尊敬，秀吉死後自願投來家康麾下，作爲家康的客將，這次隨行北來，有此表示，使得軍心大振。

家康的處境仍然相當困擾，究竟先去克服上杉，還是返旆西嚮，與石田決一雌雄？一時不免徬徨，於是他設筵邀請了眾客將，提出這一問題，眾客將一致表示：「向西！」福島正則斟滿了一杯酒，一飲而盡，說道：「我一定斬了石田三成和小西行長，拿他的頭來下酒！」家康大喜，說道：「好！就請各位先行，我跟著就來！」還選了一匹騮馬贈送給了福島，令他爲先鋒。

「西向」的政策決定了之後，家康便再布置對付上杉的軍事行動。他暫取守勢，命令他的次子秀康監視上杉方面的動靜。另一面派人與伊達政宗聯絡。伊達政宗自從歸順了秀吉之後，略微收斂了一些他的野心，朝鮮戰役中，也在蔚山、晉州幾處立過功。在上杉有不穩的情況傳出時，他便急急忙忙趕回他領地，他的領地恰好是在會津盆地之北，拊上杉之背。他個性急躁，討伐上杉的令下，他已經忍不住領兵占據了「白石」。家康的使者傳命，請他注意戰況，保持實力，不可妄動，勸他暫時退歸原防，許以重酬。伊達居然都依了。

家康部署已定，慢慢率領他自己的精銳，回師西向了。

這時石田三成也在積極動員，除了招兵買馬加強他自己的軍力之外，另外聯合了他所有的僚友共同起事，其中擁有最大武備、士卒最多的，是在朝鮮戰役中當過元帥的兩位主將。其一是浮田秀家，是五大老之一；另一是小早川秀秋，是秀吉夫人最小的胞弟，自幼就爲秀吉夫婦所撫養鍾愛。秀吉老友小早川隆景無後，由秀吉推勸，將秀秋收爲養子，因此承襲了小早川的姓氏。在二十歲時，秀吉第二次發兵征韓時，被任命爲統帥。在蔚山之戰中，奮不顧身，突入敵陣，殺死了十數人，大破明軍。

三成雖然是以小秀賴之名，號召秀吉舊部，共同討伐家康，但他到底官卑職小，爲人一向刻薄，除了小西行長而外，沒有人眞心願聽調度。不過自從毛利輝元被推爲總大將，進入西之丸後，反家康的形勢已成，箭在弦上，不能不發，只好繼續幹下去。由各地集合而來的有幾萬人，於是首先要求伏見城開門投降。奉家康之命留守的鳥居元忠當然不肯。血戰十餘日後，元忠以下眾兵將全部殉難。家康的第一個據點被擊破，三成大喜，以爲家康不堪一擊。

實際上，三成的陣營雖然人數不少，卻是個離心離德烏合之眾。三成倚爲長城之一的小早川集團，便十分靠不住。小早川在朝鮮戰役裡，被三成參了一本，說他身爲統帥，竟甘冒矢石，與士卒搶功，不識大體。等他班師還朝的時候，被秀吉痛責一番，認爲他輕率幼稚，不配當主將。當時幸而有家康在旁爲他百方紓解，才沒有降罪，但仍然將他的領地削減了三分之二。害人的人早將此事忘得一乾二淨，但是被害的人卻銘心刻骨地記得牢牢的。小早川在表面上參加了三成的所謂西軍，暗地裡和家康有了聯絡。小早川以外，專門探人隱私的增田長盛更是施展了他兩面人的絕技。表面上他是三成長年的僚友、死黨，卻將三成的種種行動，一五一十地暗暗傳遞給家康。

家康得到西軍聯營的情報，洞若觀火，他樂得緩緩前進，徐圖候變。他由慶長五年七月二日返旆西向，到了九月十四日，兩軍才在關原地方遭遇，展開大戰。

三成沒有指揮大兵團的經驗，全憑他個人的智慧來假想敵情。他的如意算盤是先守住家康必經之地的大垣城，由浮田秀家的主力吸住家康的大軍，然後再由毛利輝元由大阪親率援軍，刺斜裡猛攻夾擊，必然能使家康崩潰，但他的計畫卻被增田長盛洩漏了出來。家康的大軍避開了大垣城，直撲大阪。

三成的計畫全部落空。他不得已只好急急忙忙變卦，退出大垣，在豪雨之夜轉入關原四周的高地。西軍仍然占了地利，只可惜三成早就失去了人和，在西軍裡只有小西行長是他生死之交，其他諸將幾乎沒有一個甘心爲他效命，其中很多還和家康有舊誼，甚至連毛利系裡的大將都按兵不動，作「壁上觀」。

十五的辰時，家康的先鋒福島正則首先進攻，於是激戰開始。殺到正午，雙方傷亡慘重，但勝負未決。忽然，占據在關原西南角高地上的小早川秀秋的部隊由山上衝下，直撲他的友軍大谷吉繼的陣地，西軍登時大亂，顯然的小早川倒戈了。半盲的大谷雖然也抵抗了一陣，終於切腹自殺，全軍覆沒。兵敗如山倒，西軍大潰，接戰才四個時辰，關原大戰在遍地殘骸中結束了。

三成被他的部隊親隨遺棄了之後，單騎一度逃到伊吹山裡去。想到小時候，曾經在近江的三重院大寺裡讀過書，便去投靠，不料碰了釘子。又到附近的廟宇裡請求收留，也被拒絕，不得已回到山林中躲藏起來，餓了幾天之後，找到了一些野果實，吃下去之後，竟然下痢，苦不堪言。好不容易遇到了以前一個熟人，知道近處山裡有個洞窟可以藏身。但不久又被人發現，他明白從此天涯更無存身之處，逃也無用，他便慨然地力勸救他的故人，索性將他告發了，還可以領些獎金。就這樣他束手就擒了。

他的好友小西行長也被人在伊吹山中發現，他對發現他的老百姓說：「我是小西攝津太守，把我押送到家康陣營裡去，可以領獎金！」但老百姓不肯，「您還是快逃吧！」他說：「我逃什麼！我應該切腹自殺，不過我是基督徒，不能那麼做，只好請你押我去家康的大營！」老百姓只好依了他，得到獎金黃金十枚。

三成在行刑前，口渴要求喝口水，但是劊子手哪裡能在這時弄得到水，身上恰巧有個柿餅，也可以解渴，三成卻不要。他說：「柿餅會生痰不能吃！」劊子手說：「馬上你的頭都要掉了，還管什麼生痰不生痰！」三成答道：「心懷大義的人，時時刻刻都留心自己的身體，一直到首級落地的那一剎那。」

三成、小西同時在十月初一押到大阪、堺，和京都三處巡遊一周之後，當眾梟了首。

征夷大將軍的開府

關原大捷之後，德川家康的聲望遠超過了豐臣秀吉以前的極盛時期。上杉景勝得到西軍慘敗的消息，自揣獨力更無獲勝希望，他便解甲投降，聽憑處分。被石田三成推爲總大將的毛利輝元占據了大阪，一度也發號施令，號召各地諸侯起兵討家康，但實際上只是三成的傀儡。他不但沒有參加作戰，甚至連大阪城都沒有離開過。在名義上是保護秀賴母子，實際上是監視他們的行動，以免再生枝節。

西軍的敗報剛到，家康的大軍已經到了大阪城下。攻打這座孤城本不困難，不過家康懸想一旦兵火交加，玉石俱焚，連累到秀賴母子，於心不忍，尤其對不住故主老友的恩情。他於是命令客將福島正則函促毛利輝元和平退出，只要毛利表示從此效忠家康，便一概既往不咎。輝元看大勢已去，樂得安全下台。於是家康到了九月二十七日又進入大阪。他是六月十六日由大阪出發，踏上征途，經過一百多天又凱旋歸來。在形式上，他還是晉謁了秀頼，報告了出征、平亂的經過，保持著當臣下的身分。

關原大戰中，西軍裡唯一能突圍而走的是朝鮮戰役中堅守新寨的島津義弘。他殺出一條血路，奔回他九州的領地。他本來對家康相當尊敬。這次糊裡糊塗受了三成的矇惑，加入了西軍，等到發覺上了當時，大錯已鑄，悔之無及，只好硬著頭皮，聽候發落。他的朋友之中，有的和家康屬下有交誼的，替他求情。家康原本已下令命他的兒子秀忠領兵討伐，於是暫時停頓下來，進行投誠的談判。經過兩年多的折衝，才談妥由義弘的兒子忠恆代表降服、謝罪，並到「伏見」來晉謁。家康不爲已甚，接見了忠恆之後，饒恕了他父子的死罪，不過削減了島津家原有領地的四分之三。

島津家之外，毛利、上杉，以及其他降將，也都遭遇到同樣的命運，領地全被大大削減，封建的形態驟然改觀。幾乎沒有連州跨郡等獨立的諸侯，武人也沒有一個不對家康俯首稱臣的。這時是慶長八年，西曆一六〇三年。

皇室本來在前一年就想加封家康爲征夷大將軍，不過他那時認爲還有少數強梁尙未賓服，不敢奉命。征夷大將軍的職位由來已久。八百年前蝦夷作亂，當時的朝廷起用了一位華裔——坂上田村麿前往征伐，經過長年累月的血戰，好不容易敉平了。田村麿也由偏裨提升爲征夷大將軍。在日本文武分途、重文輕武的舊制度下，征夷大將軍成爲武人所憧憬的最高官職。幾百年後源平爭霸，源頼朝滅了平家，由天皇冊封他爲征夷大將軍，准許他在鎌倉成立幕府。他便將朝廷大權逐漸移轉過來，發號施令，睥睨群豪，從此更爲日本武人所想望艷羨的焦點。自從足利氏末代將軍義昭去世以後，征夷大將軍的頭銜一直虛懸。豐臣秀吉很想承襲，但朝廷因爲他非武士出身，與制度不合，不能授與。一時又不能不加他的官位，在萬分爲難之下，才想出以當時最高文職的關白，來滿足秀吉的欲望，終秀吉一生，也沒有能做到征夷大將軍。

德川家康不同，他是眞正的武人，是源氏之後，世代武士，此時更是眾望所歸，是武士中的領袖長老。就任爲征夷大將軍，當之而無愧。因此當皇室第二次提出加封他爲征夷大將軍時，便不再謙辭。

慶長八年二月十二日在隆重的儀式中，德川家康升任爲右大臣，兼征夷大將軍，並准在江戶設置幕府，從此德川幕府時代開始。家康此時已六十二歲。

家康對這次的升遷，在心理上無疑是起了衝擊。他現在的地位與功勳已不在秀吉之下，沒有理由再向秀吉的嗣子秀賴表示臣屬的姿態。不過因爲與秀吉有姻戚之雅，又有託孤之誼，不能不加意照應。不過他與淀君之間，卻存著很深的不愉快。那是因爲他將淀君的膩友大野治長放逐了出去，給這對野鴛鴦一點薄懲。一年之後，由於大野有了小小的軍功，就將他放還，又回到了淀君的身邊。但淀君對於家康始終不諒解。她是個被寵壞了的女人，不知天高地厚，非常任性。總以爲家康不過是她丈夫一手提拔起來的屬員，對她應當十分恭順，聽候差遣才是，不料竟敢干預她的私生活，使她難堪，現在居然爬到她頭上來，耀武揚威，她如何能受得了。

家康雖然也知道淀君對他恨懣，但爲了大局，總想化解這一隔閡。恰巧這年秀賴十一歲。按照當時的習俗，達官貴冑子弟的成人禮，比普通常人早得多。秀賴雖然只有十一歲，但早已算是成人，皇室每年都要頒賜新的官位，這時升任他爲內大臣。家康於是藉此機會，想與淀君修好，遣人與秀賴議婚，將他最憐愛的小孫女千姬許配給秀賴爲妻。

淀君姊妹三人，二妹嫁了京極高次。京極死後爲尼，號稱「常高」。三妹德子，便是家康的兒媳，德川秀忠的夫人。千姬就是德子所生的女兒。千姬與秀賴是姨表兄妹。淀君對於自己親妹子的女兒嫁過來，一時不能公然反對，但成婚以後，立刻拉長了臉，對於新娘不但不疼愛，反而不許自己的兒子去圓房。家康知道此事後，心如刀割，深悔不該孟浪，但事已至此，只好隱忍，家康這才發覺到淀君的利害——毒辣。在表面上，豐臣與德川兩姓，結爲姻好，而實際上，更加深了一層怨恨。淀君對於家康施行了杯葛。家康每次由江戶上京來晉謁天皇時，總希望他的孫婿也能前來一聚。京阪之間，路途不遠，但是淀君總是阻止她的兒子前往。到了慶長十年，朝廷又頒賜秀賴新任命，由內大臣升任爲右大臣，秀賴理應親赴京都謝恩才是，家康特地趕到京都相候。同時家康以年老，奏請辭征夷大將軍職務，朝廷十分體貼，優詔許辭，但改命秀忠爲征夷大將軍。秀忠是秀賴的岳丈，秀賴也應該前來道賀，但是淀君硬是不准秀賴前往，使得場面異常尷尬。家康還是忍了下來，只派了他的小兒子忠輝到大阪，將這次的異動說明，並且勸秀賴以後不得再這樣無禮。

這次事件之後，家康與秀賴之間的芥蒂更爲加深。兩年很快過了。慶長十二年的正月，家康忽然昏倒。他已經六十七歲，在當時算是難得的高壽。他有病的消息傳出後，都認爲他不久於人世。最高興的是淀君母子，家康果眞倒了下去的話，豐臣氏必然可以再興。淀君於是慫恿秀賴，索性將朝廷所頒賜的名位一概辭退，專心策畫恢復大計。但說也奇怪，家康病了幾天，立刻復元。望七之年的老人又生龍活虎起來。爲了平息謠言，他父子兩大將軍大張宴席，邀請了各地諸侯，並且做了好幾台戲，以娛嘉賓。謠言雖然止住，不過年紀總還是年紀，家康自己知道老了，尤其這年他的兩個兒子，老二秀康、老四忠吉，相繼逝世，使得他心灰意冷，不想再問時事。他選中了一處風景絕佳之地「駿府」，作爲他退隱之所，預備終老。淀君母子知道之後，摩拳擦掌，認爲機會快到了。

淀君究竟是女人，她生長在深宮之內，根本不知道稼穡的困難，對於理財、生財之道，全無知識，在過去秀吉寵庇之下，要什麼有什麼，千金散盡還復來，錢來得容易。由於她手頭鬆慣了的關係，秀吉去世之後，她花用的習慣改不過來，仍然任意開支，但她所能得到的收入，卻已經遠不如前。尤其她對於軍旅之事毫不清楚，只靠她的「面首」大野治長替她去招兵買馬。而這位心浮氣躁油頭粉面的小夥子，並不懂什麼兵法、武書，單憑一股對家康的怒氣，就想將老頭子置於死地。

淀君還有一樣弱點。她迷信、她佞佛，認爲佛一定能庇護她。因此不惜斥巨資，到處興廟宇、建大寺、養僧尼，爲她和她的兒子祈福。在這種情況下，淀君的經濟越來越拮据，於是越想開拓自己的領域，以增加財富。但是又受了家康的限制，以前豐臣氏可以予取予求，搜括天下寶藏以爲己用，現在只能領幾十萬石的穀子供她揮霍，使她縛手縛腳，無從施展。從旁煽動她的大野，力勸她應該重振豐臣氏的聲勢，策畫如何去推翻垂死的家康。家康卻老謀深算，看穿了淀君不能成大事。她的心胸狹窄，不能和眾，她浪費資財，只顧拜佛佞神，根本不知如何應付戰爭。她不是他的對手，無須理會他母子任何對他不利的舉動。現在他只一心懸念陷在淀君手中小孫女千姬的安全。他唯一的希望是千姬能贏得秀賴的憐愛，由兩小的親密結合，再影響淀君心理的轉變，化戾氣爲祥和，使得豐臣、德川二姓締歸一體，便是上上大吉。家康傻傻地等著奇蹟發生。

家康等了四年，他七十歲了，千姬也已是二八佳人。但秀賴與千姬之間，始終沒有任何好消息傳來，家康心焦如焚。在這四年當中，有了很多變化。雄偉的江戶城，號稱日本第一，完成了。以江戶爲中心，幾條交通幹線——東海道、中山道、奧州道等等，都次第修築完工。對於幕府的「中央集權」政治形態，有很多幫助。可以說，幕府的權威已經奠定。豐臣秀吉部下許多老將，這時也都一一順服，連像加藤清正這樣的人物，秀吉的姻弟、愛將、戰友都俯首聽命。說明了幕府對人心的掌握確實做到了。唯獨淀君的仇恨改不過來，當年秀忠繼任爲征夷大將軍時，家康曾經遣人示意秀賴，最好能到京都來一趟，替岳丈道賀。也許是傳話人禮貌欠缺了一些，淀君竟然大怒，不准秀賴前往：「如果強迫非去不可的話，我母子就自殺！」有過這樣火爆場面之後，家康更不敢輕易再請秀賴相會。但恰巧慶長十六年，後陽成天皇禪位，由後水尾天皇即位，行大典時，家康必須參加。以古稀之年，由江戶遠巴巴地跋涉而來，當然想藉此機會也能看到孫女婿，何況作爲重要人臣的秀賴，理當來慶賀新皇的加冕，乘此拜見岳祖，更是理所當然，但是淀君依然不准秀賴去。秀吉的幾位老臣看不過去，力勸淀君不能這樣不識大體，死說活說之後，並保證必能護送秀賴安全回來，淀君方才答應，由秀吉的兩位猛將加藤清正、淺野幸長陪同前去。

天皇即位大典過後，家康接見了他的孫女婿豐臣秀賴。家康命他第九第十兩子去迎接秀賴，自己在征夷大將軍官邸的二條城等候。三月二十八日辰時秀賴由加藤清正、淺野幸長分坐在他乘輿的兩側到達，家康起身在中庭迎接。他心花怒放，五十年來一直屈居在豐臣氏下的他，此時此刻翻了身，豐臣氏的後人來叩見了。秀賴已經十九歲，一表堂堂，俊秀之外，還露出英氣，談吐也極有分寸。在兩個時辰之中，喝了酒，吃了菜，家康邀了秀賴的嫡母秀吉夫人北政所來共聚。除了加藤清正、淺野幸長兩位保鏢片刻不離左右之外，秀吉的舊部池田輝政、藤堂高虎兩位老將也被邀參加，歡聚一堂。然後又由加藤清正、淺野幸長護送回到了大阪。負責秀賴安全的加藤清正，任務完畢，回到家中，由懷中取出預藏的匕首，凝目直視淚下如雨，自言自語道：「今天，我可以上報太閤的恩典了！」原來豐臣氏方面的群臣早有商量，萬一家康在會見時，對秀賴有不利的舉動，負責保鏢的兩位虎將就以身殉。這固然是受了淀君委託的關係，也足見得豐臣方面的君臣對家康仍有極大的警戒。家康當然也有感覺，雖然他與秀吉的老部屬保持著友誼，對他們客客氣氣，但從來不敢以心腹相待。

他與秀頼會後，對於秀頼有了新認識。秀頼不但有忠心耿耿的幹部，更是一位很有出息的青年才俊，他對本多正信說道：「秀頼非常聰明，是個處理天下大政的奇才，他絕對不肯屈居人下，任受指揮的。」

這幾句話，流露出家康對秀頼的評價。秀頼不是池中物！是蛟龍，而這條蛟龍，一旦得志，對他、對他的後代，絕不會輕易放過。現在已經不是化解私怨的問題，而是兩雄不能並存，是你死我活的競爭。

家康心裡有數，縱然千姬有將秀頼化爲繞指柔的本領，也無濟於事。豐臣、德川兩姓的對立形勢已成，無法解消，只有拿出斷腕的決心，斬草除根的辣手，才能清算這場宿命的恩怨。

但是家康沒有露出半點痕跡。二條城的會見好像十分融洽，京都盪漾著一片和平安詳的氣氛。

豐臣氏方面，在京都營建的方廣寺即將竣工，裡面的大佛也將要定期開眼，鑄造的大鐘已請了精通漢文的名人作銘，並且邀了二百五十位僧侶做佛事，忙著新製袈裟。正在這熙熙攘攘忙亂的時候，忽然傳出噩耗，加藤清正從二條城保駕完畢之後，回到領地「熊本」不久，突然暴卒。他雖然已年逾知命，但仍然健壯如牛，誰都沒有料到他會就此撒手人寰。淀君母子聞訊，如青天霹靂，他們失去了最忠實可靠的支柱。

接連幾年來，大阪都發生了奇奇怪怪的事情。爲了祈福，秀頼在每年年初，都延請大僧正「門跡義演」法師來作法，一向平安。但是近來情形不對，有人魂靈出竅，有東西發光，在大阪城的上空飛來飛去，烏鴉不斷亂叫，狐狸白晝出現。義演雖然受了重金，施出全身解數，做了好幾次道場，都無效，此刻又加上加藤清正的驟死，使得豐臣的群臣掀起了極度的不安情緒。尤其年輕一輩的武士心懷野望，想擁立秀賴重振家聲的，看到這一連串的「不吉」信號，免不了喪魂落膽。本來有著一股熱血奔騰、興復豪邁之氣的，如同澆了冷水，漸漸消逝了。

倔強的淀姬

日本自古以來，是個迷信的國家。神神鬼鬼的，每個朝代都鬧個不休。而自從佛教傳入之後，佛教的各種宗派就大行其道，有錢有勢的上層社會爲了祈福，十分捨得布施，幾乎每位大人物沒有不修廟宇、雕塑佛像虔敬供養的。而自身一旦功成名就，也就剃度爲僧，樂其餘年。自天皇將軍以下武士貴冑都不例外。

家康這時已經算是和尙，在他所謂的隱居地駿府休養，但實際上他一樣管事，尤其豐臣家方面的一舉一動，他都特別注意。自從他覺悟到與秀賴有勢不兩立的悲慘宿命之後，他便不斷地準備以武力解決這小孫女婿，暗地裡從外洋購進攻城的大砲和砲彈，因爲他知道大阪城的構造極其堅固，倘若沒有新式武器，便難一鼓攻克。他又知道秀賴用「時間」來與他拚勝負。秀賴在等候他的自然死亡，等他壽終正寢之後，再來發動大戰。因此他必須在死以前先解決這小傢伙不可。他要找碴，藉故尋釁，掀起戰爭，然後摧毀他。

不過家康也有顧忌，他遲遲不動聲色的原因，是秀吉麾下的幾員猛將依然健在，年齡都比他輕得多，二條城的會面，證明了秀吉的老幹部對秀賴仍然擁戴，而他們一個個都是勇不可當、出生入死的戰將，如果明目張膽地想除掉秀賴的話，必然會遭遇到這批性如烈火、赤膽忠心的英雄們的誓死反抗，勝敗之數就未可逆料。但似乎天意要幫助德川，在加藤清正暴卒之後，二條會與加藤同任護衛的淺野幸長，也在兩年後，以三十多歲的英年逝世了。

淺野幸長的驟逝，給予這對立的形勢一個極大的衝擊，不亞於清正之死。淺野幸長的父親長政，是秀吉的連襟，情同手足。是秀吉五奉行之一，也是奉行中唯一不肯附和石田三成的人。幸長是他的長子，從小跟隨秀吉，每役必從，斬將搴旗，極其勇武。秀吉死後，追隨家康爲客將，家康十分賞識他的才華，在關原之戰中，大破西軍，受到家康的激賞。不過家康深知淺野父子受秀吉恩重，絕不肯爲己用，而他們父子的存在，便是他袪除秀賴的一大障礙。幸長的死，使他有如破十萬雄兵的快感。這是天助，增加了他殲滅豐臣氏的決心。

秀吉麾下有名的七支槍之一的福島正則，雖然與家康有姻戚關係，並且在關原之戰中，當過家康的先鋒，但是他究竟是秀吉心腹愛將，恩義極重，絕對不肯背叛秀賴。但說也奇怪，自從關原之役後，就一直染病在床，英雄只怕病來磨，火爆脾氣的他，經過病魔的折騰，壯志全消，變成一個看破紅塵、不問世事的懦弱之輩了。豐臣氏門下的名將，這時非死即老，剩下在秀賴身旁的，只有片桐且元一人。片桐雖然也是七支槍虎將之一，但年事已高，由家康任為大阪城的警衛，他心地平和，與家康保持著友好交誼。而由於淀君的頤指氣使，常令這位年將花甲的老者無地自容。

慶長十九年，秀賴耗費了巨資，經過十二年的歲月，將他父親所興建的方廣寺又重新修葺完成。方廣寺是在慶長元年京都大地震時全部毀壞，六丈高的雕漆五彩的大佛像倒塌破碎，到了慶長七年才由秀賴開始由廢墟中，清理再建，用了木食上人的建言，改用金銅來鑄造大佛的金身，到慶長十七年落成，又鑄了一口大鐘，請南禪寺有名的高僧「清韓」，用漢文撰擬了一篇銘文，刻在鐘上，一切完工之後，恰好接近豐臣秀吉第十七周年的逝世忌辰的八月十八日。秀賴因為家康對於挑選日期常有意見，特地命令片桐且元前往駿河，除了恭請家康主持大佛的開眼大典外，並且請示最佳吉日。家康回覆說：「這等大事，應該由郎君親自主持，日期則以八月初三最吉。」片桐得覆大喜，將家康的旨意傳達過去之後，忽然家康看到了鐘銘的文句，大發雷霆，其中的幾句「……陰陽燮理，國家安康，四海施化，萬歲傳芳，君臣豐樂，子孫殷昌……」，「國家安康」，明顯的是故意將家康的名諱腰斬，而「君臣豐樂」四字倒過來讀時，是「樂豐臣君」，明明白白是指大家都樂於擁戴豐臣氏為君！這是詛咒德川家康的滅亡，預祝豐臣氏的再興。

家康既然這樣解釋，誰都不敢說個「不」字，而居然有人附和他，這位幫凶，恰好是位漢學家，姓林，名羅山，他一肚子酸醋，評論這篇銘文道：「銘文太長，不合體裁，犯諱的地方太多，除了不該將大將軍的大諱切斷之外，更不該引用『仁政』二字，天皇的名字是政仁。並且一個鄉下和尚，哪裡有資格撰寫這樣大伽藍的鐘銘！」於是起了文字獄，將飽學之士的「清韓」逮拿下獄，死於獄中。而林羅山從此錦衣玉食，子子孫孫受到德川家的禮遇。

家康的怒氣未消，傳令下去，不許舉行任何儀式。這便苦了往來穿梭的片桐，原本以爲可以討好家康的，不料反倒拍在馬腿上。他只有前去請罪，要求先解除禁令，等開堂之後，他甘願受罰。但是家康拒不接見。

淀君知道經緯，也著了急，派她的心腹奶娘大藏卿局、女尼正永兩人向家康求情，囑咐她二人申辯銘文中的兩句，絕無冒犯之意。她二人居然蒙家康延見，家康對鐘銘之事隻字不提，溫語相向地說道：「日前我已經知道片桐的來意，大阪方面似乎誤會了我，以爲我很不高興，其實全是流言，我對秀賴絲毫沒有惡意！」她們二人見家康和顏悅色，放了心，又聽家康說道：「秀賴是我孫女婿，淀君也是我媳婦的胞姊，我怎麼會爲難他們！我看秀賴就如同我的孫子一樣，可惜他對我就好像仇敵，一天到晚都在招兵買馬，修繕武器，儲備糧草，想要對付我，我現在人還活著，已經這樣了，我若死了，還不知要成什麼樣子！不過我想這不會是秀賴母子的意思，一定有奸人作祟，只要他們母子輸誠，我不會計較的！」說完後又補充道：「你們既然遠路跋涉而來，何妨再到江戶去探望一下大將軍的夫人！」二女聆聽之後，感激涕零，根本忘記了在來時中途反覆背誦的銘文與說辭。

家康對淀君所派來的兩位女使者所擺出來的笑臉，並不表示他已心愜惱解。他命本多正純傳話給兩位女使及片桐道：「秀賴對大將軍的詛咒，今後幕府與豐臣氏之間，如何再能維持和睦的關係，請幾位回去之後，仔細考慮妥善的方案。」同時又傳話對片桐說道：「去年秀賴對你特殊的賞賜，增加你的薪俸，完全是老將軍的授意，你不要忘記老將軍的恩典。」說這話時老奶娘和女尼都在旁聽到，故意使得兩女懷疑片桐，早就和家康有所勾結。

在歸途中，片桐無法闔眼，一路上反覆推敲到底幕府要求的是什麼，怎麼樣才能彌縫家康對豐臣家的間隙。他想出三案：

一、淀君遷往江戶，依妹（大將軍秀忠夫人）。

二、秀賴移居江戶。

三、秀賴放棄大阪城，遷往小地居住。

以上三案是片桐的腹案。到底哪一案比較妥當，他心地忠厚，自己決定不下來，邀請了奶娘共同商議。假說是家康提出來的方案。奶娘聽罷之後，大起狐疑。因爲她和家康當面談過話，家康的態度和藹可親，毫無咄咄逼人的神情，怎麼可能提出這樣不近人情的方案！可能是片桐受了賄，得了好處，出賣了豐臣家。她越想越像，於是藉故先溜，比片桐早到了大阪，立刻一五一十地向淀君報告，將片桐所傳的幕府方面所提的三案，以及她自身和家康對話的情形，兩相比照起來，像是片桐背叛了故主。

淀君大驚，認爲奶娘判斷得對，片桐一定和幕府方面有了密謀。怎麼辦，她這時可以調度的過去有聲望的老成人，只有一個織田信雄，她的表兄。

淀君連忙邀了他來，打開天窗說亮話道：「現在事情已經迫在眉睫，片桐明顯通了敵，我準備等他回來就殺了他，然後就起兵和幕府拚個死活，請您來當我的大將！」

信雄自從小牧山之役後，衡量自己的才能，既不如秀吉，也不及家康，很難跟他們爭霸，信雄便死了這條心，索性剃了髮，誦經禮佛，不問世事。朝鮮戰役起時，秀吉邀他來，長侍左右，成爲秀吉的清客，秀吉故世後，依然留在大阪，關原戰爭中，他保持著模稜兩可的態度，雖然身在西軍之中，既未參加戰鬥，也未獻過一計一策，因此家康對他也十分禮遇。

他聽到淀君此言，大吃一驚，說道：「這是件大事，何況片桐的反狀也還未露，您要再仔細想想。」淀君不等他說完，霍地站了起來，她說：「好吧！我再考慮，您也再想想，等一下我再來！」說罷她匆匆走了。轉入後堂後，她吩咐手下年輕武士：「倘若等一下他還不肯的話，你就殺了他，免得洩漏機密！」說這話時，恰好被一個侍女聽見，這位侍女又恰好和這位老舅爺很熟，她於是捧了一杯茶送到信雄面前時，低聲地警告了他。信雄登時大悟。等淀君再出來問他時，他便說道：「您既然下了決心，我怎麼能不盡力，我年輕時也指揮過幾萬人的大軍，現在老了，也還能負一方面的責任……」淀君聞言大喜，她放他回去準備一切，聽候後命。信雄慌忙逃走，在走前，秘密的通知了片桐，勸他也快走。

片桐聽了信雄的勸告，急急忙忙避開，沒有遭到毒手。不過他一片忠誠，還想挽回這尷尬局面，他承認那三案都是他的杜撰，因爲照他揣想，三案中，無論哪一案，只要淀君母子選中，他便能據以向幕府交涉，而化解今後兩方面的一切誤會。

哪知他的解說，反而惹起了淀君的怒火。她認爲都是片桐多事，使得雙方的關係惡化起來，片桐是禍首，她於是派她的年輕武士領兵去襲擊片桐，片桐不敢搦戰，慌忙逃脫，同時向家康求救。

由淀君的膩友大野治長所統帶的青年武士旗開得勝，號稱無敵的七支槍勇將的片桐都望風而逃，使得他們驕橫萬狀，目空一切，以爲大規模的戰爭也不過如此。

這批武士，是秀賴在急忙中召募而來的浪人，所謂浪人者，是失去了舊日主人，或者本來就是草莽出身，無依無靠，只憑自己的膂力拚死賣命，以求溫飽的一群無賴漢，他們心目中，除了利祿之外，絕無忠義或任何道德觀念。淀君秀賴母子依靠了這批毫無紀律可言的武士之後，慢慢地尾大不掉，一切行動反而受制，不能不得他們的同意。

家康已經七十三歲，有點老態，但他接到片桐求援的請求後，立刻下令動員，他習於兵戎，有了新刺激，精神馬上抖擻起來。他自己先領了四百騎，馳往京阪的路途上，命他的兒子征夷大將軍秀忠率領大軍跟隨而來。秀忠本來再三勸諫老父，毋須親自出馬，由他出兵討伐也就可以，但老人硬是不聽。

秀賴方面也著了急，他想他父親以往對各地諸侯的恩情與交誼，應該有人仗義相助。他向各方求援，但得到的覆音都十分冷漠。關原之戰中，最後奮勇殺出重圍的島津父子，這時也洩了氣，不願再與家康作對了。福島正則更表現堅決，不但不肯延見來使，連函件也不願拆封，原書退回。福島反而寫了封信勸秀賴：「這次大佛的鐘銘糾紛，釀成了對兩位大將軍的反抗，簡直讓我懷疑您是否著了魔，請您趕快懸崖勒馬改弦更張，立刻送淀君到江戶去認罪，您這樣做，容或還能保持豐臣家的命脈，倘若執迷不悟，天下的兵力將會來攻打大阪，那時焉有不陷落的道理，您是願意自保，還是願意滅亡，請您審愼地選擇！」

對於這封懇切的信，秀賴也沒有回覆。他甘願孤注一擲。秀賴是不是眞的願走絕路？也不是。他一直希望有人出來斡旋，但誰都不敢出面。他曾經暗地裡央求池田家去說情，池田不肯，懇請柴田家去求饒，家康不理。秀賴眞是進退維谷。而他手下強硬派的浪人武士就怕他軟弱下來，他們唯一的願望，是這不和不戰不降的局面能永遠拖下去，他們便可衣食無虞。而最忌的是「降」。因爲「降」，首先被解散的，便是他們這班人。因此他們用盡各種方法，阻礙任何「降」的談判。

家康十分悠閒地慢慢前進，在中途還放鷹打獵爲樂。他由駿府啓程時，是慶長十九年的十月十一日。十月二十三日才到了京都，住進了二條城官邸。在同一天，秀忠率領了大軍，由江戶出發，匯集了各地諸侯的兵馬，馳向大阪。

各地諸侯，在關原之戰後，受到家康削地減封處分的，島津家久也好，毛利輝元也好，上杉景勝也好，一個個都不敢藉機報復，反而十分馴服地聽命帶領所部，前來集合。誰都看得清楚，這是以石擊卵的鬥爭，秀賴絕非家康之敵，樂得附和家康，討他的歡喜。

大阪方面雖然已是一頭困獸，還做最後的掙扎，它攻進附近的商業大鎭「堺」，將所有武器、彈藥掠奪到大阪城裡來，又派兵將鄰近的「平野城」燒掠一空，實行焦土抗戰。它這瘋狂的舉動，引起了周圍民眾的怨恨，對豐臣氏危殆的現狀，沒有人同情，秀賴事實上成了獨夫。

十一月十日，家康離開了二條城，經奈良的法隆寺，十七日到達了攝津，安營紮寨。同日，大將軍秀忠也經過一片焦土的「平野」到達。於是開始將大阪團團圍住。但是家康沒有下令攻城，他決定先試試和平交涉，淀君秀賴母子是否能看清目前的局勢，不再逞一時意氣。只要他們母子甘願認輸，他也不爲已甚。

德川家康滅了豐臣家

大阪的形勢十分孤立，有力的友軍一個也沒有。除了關原之戰後，無處可棲的敗軍之將的後人，如大谷吉繼的兒子「大學」、增田長盛的兒子「盛次」，倚附過來之外，比較有點力量的只有眞田幸村。

幸村是眞田昌幸的次子。在群雄爭霸的戰國時期，昌幸是武田信玄麾下的武將，武田滅亡之後歸順織田，織田信長被弒，又歸依家康。但是由於家康與北條言和，強迫他將新占領的「沼田城」還給北條。昌幸不肯，於是翻了臉，從此昌幸與家康成爲敵對的仇人。石田三成的政變中，他參加了西軍，遏阻了秀忠的援兵，使得秀忠沒有能馳援家康，參加關原之戰，致使秀忠終生飮恨。這時，昌幸雖然已經在三年前亡故，但幸村卻沒有忘記他父親的夙敵舊怨，誓死與家康不共戴天。幸村不但英武，也有膽識，可以說是大阪方面唯一的將才。餘下來的，便是淀君引以爲腹心的大野治長集團，治長之外，二弟治房、三弟治胤統率著一群浪人武士。由於受到淀君的寵信，他們的發言最有力量，可以決定和戰。家康爲了和平解決紛爭，選定了大野治長爲交涉的對手方。

在和平談判當中，家康雖然按兵不動，卻不斷以大砲向大阪城轟擊。他實行「心戰」，每夜隆隆的砲聲，彈丸的爆炸，不但使得守城的士兵心驚膽戰，就連在安全地帶的淀君和秀賴也不能安枕。家康想藉疲勞與恐懼來喚醒他們母子二人的理性，以及摧毀他們的戰意。

幾天之後淀君果然受不了。她答應由大野提出言和的條件，願爲人質到江戶去，不過希望家康收容大阪方面所雇傭的浪人武士，並且增加他們的薪給。

家康對於後者斷然拒絕。他不但不能增加無功受祿之輩的薪給，並且根本沒有收編這批浪人武士的意願。

家康這時恰好請到了一位砲擊名手，便毫不客氣地對準了大阪城的天守閣，發射砲彈，擊中了支柱，又一枚擊中了千席大廳，使得淀君驚慌萬狀。

近在咫尺的天皇派了三位敕使前來，向家康傳達了旨意，希望家康返京，同時命令秀賴言和。家康拒絕了。家康的措辭儘管十分婉轉，但明顯表示，這是武士間的糾紛，請聖上毋須干預，大有「君命有所不受」的氣概。天皇碰了一鼻子灰之後，從此對武人之間的一切，不再過問了。

家康發現大野治長已經被浪人武士包圍，不能作主，便改變策略，想利用女眷和淀君直接談判。在他陣營裡有一將京極忠高，是淀君的胞妹號稱常高院的兒子。常高院居孀爲尼，一直陪伴著淀君在大阪。家康命令忠高到陣前喊話，請常高院出來。於是便由常高院代表淀君，家康方面由他的愛妾阿茶代表，雙方往返交涉，達成協議：

一、將大阪城最主要的大城留下，輔翼的兩座小城拆毀。
二、所有的濠溝全部塡實。
三、由大野治長、織田信雄遣送人質過來。
四、大阪城內所有的武士，對以上各條不准有異議。

雙方交換了協議文之後，家康便啓程返回京都的二條城。這時已是慶長十九年的年尾。他在京都度了歲，然後回到駿府。緊張的局勢忽然鬆弛了下來，好像長久的和平有望。

和平是恢復了，但大阪方面，後遺的工作仍然十分繁重。輔翼大阪城的兩小城「二丸」、「三丸」，不能不開始拆除，濠溝不能不塡實，這兩項工程不但浩大，並且也令人心酸。豐臣方面君臣，個個都老大的不願意，這是先人太閤殿下親自規畫出來的金城湯池，留給後世子孫的一項精心傑作，現在要由自己人親手去破壞剷平，眞是情何以堪。而更使他們不能不憤恨的是，已經在心如刀割涕泗交流中，還要受到德川方面監督者的催促、挑剔、辱罵，怎麼能忍受得了！

春天就這樣在怒氣沖天裡過去了。豐臣家君臣深悔當時沒有能戰鬥到底，瓦全的味道似乎還不如玉碎！而浪人武士間也蠢蠢欲動。他們在上次的戰鬥中，沒有得到任何好處，卻飽受了奚落。德川拒絕收編他們，豐臣也認爲他們是累贅、是包袱。他們深有自知之明，此時唯一的出路，是死拚，在死中求活。

「慶長」改元爲元和元年。三月裡，家康得到情報，說大阪不但停止拆牆、塡溝，並且又聚集糧草、彈藥，召募浪人武士，顯然在準備大戰。家康質問後，大野的辯白不能使他滿意，於是又提出了兩項辦法，任由豐臣選擇：

一、豐臣氏退出大阪，移到大和或伊勢。
二、解散所有浪人武士，僅能保留原有的家臣。

這兩項，豐臣氏都無法接受。雖然以前豐臣秀吉也曾命令過家康，將他累代父祖所傳給他的「三河」，以及家康自己苦心經營的「駿河」、「甲斐」等地讓出，但是是以更大的領域來做交換的。另外一項前例是織田信長的發源地「尾張」，由信雄承繼之後不久，秀吉便命他讓出，遷居大阪爲寓公，等於剝奪了一切。現在顯然要淀君、秀賴母子步信雄的後塵，而絕非以更好更大的地方來安置他們。至於解散浪人武士，更是辦不到。這批凶悍粗暴的莽漢，早就騎在淀君、秀賴母子的頭上，不受任何人的統御命令，驅逐他們等於對他們掀起一場內戰，誰都不敢輕易嘗試。

因此家康所提出來的辦法，大阪方面無法爽爽快快地承諾。而在這期間，大野在一次返回寓所的途中，黑夜裡遭人狙擊，雖然沒有送命，但也引起了絕大的騷動。是誰幹的？傳說是浪人武士。他們疑心大野有投降的意圖，出賣了他們。

拖到了四月底，家康的第九子義直在名古屋結婚。他親臨證婚之後，便到京都，再度對大阪提出了上述兩辦法，大阪依然沒有滿意的答覆，他便揮軍進擊。

大阪的地形與前已大不相同。很多障礙物被拆除，溝渠被填實，變成無險可憑的野戰場。家康的大軍更容易縱橫馳騁，在第一次的接觸中，大阪便喪失了幾員猛將。大規模的拚死決戰，是由五月初五開始，初七大阪方面已屆強弩之末，眞田幸村還能率領所部，衝上了家康大本營的茶臼山，將家康最精銳的號稱「旗本」的御林軍，殺得四散奔逃，家康本人都不能不退避三里之遙。但幸村終因寡不敵眾，全軍覆沒，幸村本人也飲恨殉難。秀賴所領的親兵七隊全部戰死，只有大野三兄弟所集合的浪人武士紛紛逃散，不知去向。淀君和秀賴由於天守閣被毀，不得已躲到天守閣下的庫房裡。初七的黃昏薄暮，大阪僅餘的武力也垮了。大野治長乘夜色濛濛當中，託他手下武將將家康最憐愛的孫女千姬，在亂軍中護送了出來。大野是希望在釋出千姬之後，也許能略平家康的氣憤，藉此饒得淀君和秀賴的性命，但是家康無動於衷，仍然包圍了庫房。

初八的黎明，淀君知道無望，看著兒子秀賴切腹自殺後，也刎頸而亡。秀賴才得二十三歲，淀君確實的年齡不詳，大約四十餘，大野治長以及他的老娘一同殉難。

淀君、秀賴死後，家康一改以前寬大待人的胸襟。他忽然殘忍起來，下令到處搜尋豐臣氏的餘黨，每天處死的人數以百計。由京都到伏見之間，設了十八處棚架，每一架上陳列了千餘顆新斬下的人頭，任由行人觀覽。

秀賴和侍妾之間所生的兒子，也已經八歲，名國松，由乳母救了出來，逃到伏見，但不幸被逮，連同伺候他的小僮，年齡也不過只有十二、三歲，都毫無容赦，一起被押到六條河原梟首示眾。豐臣氏的後裔被斬盡殺絕。秀賴七歲的小女孩沒有被殺，卻被迫爲尼，號天秀，終其一生在鎌倉的東慶寺修行。

關於千姬的脫出，另外有一悲劇的傳說。在戰鬥正酣時，家康懸念孫女的安全，看見大阪城冒出沖天火焰，焦急萬分，便傳令他部屬諸將，無論什麼人，只要能將千姬平安救出來，就以千姬嫁給他。令出之後，「出羽守」坂崎直盛便隻身衝入城內，居然被他找到千姬，並且安全地救了出來。家康大喜，立刻加了他薪俸一萬石，並且答應以千姬嫁他爲妻。但是千姬嫌他醜陋不肯成婚，她的父親秀忠也不願勉強她，於是改嫁俊秀的本多忠刻，在出閣的當天，直盛實行搶婚，不幸被護從兵丁包圍，只好自殺而死。

這一傳說並非事實，卻能說明當時民間對家康不顧自己孫女的幸福，利用她爲工具，以緩和兩姓的嫌隙，後來仍然落得個悲慘的結局，不能不說是個極大的諷刺。

至於家康何以要對豐臣氏使出斬草除根、慘絕人寰的絕招來？似乎是由於日本一向講究睚眥必報，何況是滅門之恨！哪有不報復之理。因此爲了長保子孫後代不被豐臣氏所殺害，只有將豐臣氏一絲一毫的苗芽都剷除淨盡。

家康滅了豐臣氏之後，他的威望雖然確立，日本無論哪個角落裡，都沒有人對他表示不臣服或反抗，比起任何時代的征夷大將軍都威風，但他讀過書，受過中國儒家思想的薰陶，懂得以馬上得天下，卻不能以馬上治天下的道理。他不敢自滿，必須另外找到一套長治久安的方法，因此他重視學問，想從中國的各種典籍裡尋求解答。他對漢文下過工夫，了解力似乎也很高，在鐘銘事件發生前不久，他爲了測驗當時僧侶的學識程度，曾經由他親自出題，選取了《論語》中的一句：

爲政北辰，居其所而眾星拱之。

令他們論說。足見得他不但漢文根柢甚深，並且《論語》也夠熟。由此更可以知道鐘銘事件裡，是他硬誣作者「國家安康」一句，故意將他的名字腰斬，觸他的楣頭，顯然是惡意挑剔，而不是不懂文意。

這時天下大定，他決心偃武修文，由漢籍裡他發現了《貞觀政要》一書。他本來就極傾心唐太宗，在這本《貞觀政要》裡，太宗與群臣的對話，使他得到很多啓示，悟出治國要道必須先修法。他於是首先制定了武家諸法度，作爲武人遵行的法典，約束了武人的行爲。隨後撰擬了「禁中公家諸法度」，是文官以及與皇室有關的大法，總共十七條，第一條：

天子諸藝能之事，第一御學問也。

文辭極其不通，大概是限制天皇只應該從事於學問、百藝。最後又頒布了寺院諸法度。以上三法度，作爲武家、公家、僧侶三類人的行爲準則。從此一切悉依法度行事，天皇也不例外。賞罰陟黜都有了根據，誰也不敢再有異議。

元和二年的正月二十一日，雖然在嚴寒之中，家康興致勃勃，約了他的老友茶屋四郎次郎帶著大批鷹犬，到駿河郊外放鷹打獵，十分愉快。在獵罷歇腳預備進餐的時候，次郎閒談起最近流行一道菜十分鮮美，是鯛魚用油煎熟，再蘸上大量的蒜鹽，其味無窮。家康聽罷，食指大動，立刻派人去買了兩條大鯛魚、三條甘鯛，照樣烹調起來，果然鮮極。家康邊飲邊吃，異常高興，不覺過量。不一時難過起來，腹痛如絞，就此病倒。他本來深通醫術，很多卿貴政要生病時，都會來請他開方診治，都能藥到病除。但這次他自己醫療居然無效，病了幾個月後，病情日益加重，延到四月十七日，溘然長逝，享壽七十有五。

時爲日本的元和二年，西曆一六一六年。清太祖努爾哈赤即位，明萬曆四十四年。神宗雖然只是五十多歲的人，但已經極爲衰老，不久於人世了。

家康的身體素稱健壯，不過偶然也會有突發性的暈倒，據現在的醫學判斷，認爲他可能患有胃癌。在激烈奔馳運動之後，潛伏在胃裡的老癌，本來在安安靜靜空空的胃裡，突然衝進大量的辛辣異體蛋白質，刺激它爆發、擴張，以至於不可收拾。說明了家康病情突然惡化的原因，似乎可信，我們也無須再去證實。

家康自幼顛沛流離，吃盡人間辛酸，卻因而練得一身好武藝。不論是騎馬、擊劍、游泳，都專精，而最善於射，他能百步穿楊，號稱東海道上第一，後來喜用洋槍，雖然七十歲的老人，發射的命中率仍然很高。而最難得的是他喜怒不形於色，在多舛的命運裡，他能「忍」，在今川義元部下，受盡委屈，織田信長橫蠻地殺了他的愛妻，豐臣秀吉是他手下敗將，他居然服服貼貼地屈從其下，成為莫逆之交。以上說明了他雖然有高度的智慧，矯健的體力，而他能在平時深藏不露，俟機方動，並且絕不勉強追求僥倖，因此他能將織田、豐臣兩人所累積的功勳匯合，完成了統一日本的大業，成為三百年德川時代的始祖。

家康雖然世代武人，但他卻喜歡結交武人以外的朋友。他最親密的夥伴是位商人，就是陪他飲酒吃鯛魚的茶屋四郎次郎。次郎在很早以前，便是德川家調度軍需的能員，他不僅供應物資，同時也替家康傳達情報，偵察消息。家康每戰必勝，無堅不摧，仰賴於次郎的情報甚大。本能寺之變時，織田信長被弒的噩耗傳出後，掀起了絕大的混亂。各地土豪乘群龍無首的當口，紛起掠奪，成為盜匪的世界。而家康還在悠閒漫遊，不知已有突變。在赴「三河」老家的歸途中，必須經過最危險的賊寨「伊賀」，幸而次郎在沿路各村莊裡施捨了買路錢，方得順利安全通過。

家康的貿易知識全由次郎處得來。他知道貿易可以致富，商賈是通有無的媒介、無孔不入的探測者。他與當時的武人大不同，對商賈絕不輕視欺凌，反而嚴令部屬刻意保護。因此在他的境內，總是呈現出一片繁榮景象，原本幾乎無人煙的江戶，曾幾何時，在他逝世前，已經成爲凌駕京都之上的大都會。

他唯一的遺憾，是沒有能與大明恢復貿易與親善關係。豐臣秀吉所盲目引起的七年戰禍，死傷了不知多少無辜生靈，雖然虎頭蛇尾地結束了，但是自古以來，中韓日三國之間和睦相處的形象破壞無遺，尤其明廷方面對日本免不了存有無窮猜疑。家康幾次復交的試探都沒能成功，使得他齎志以終。

德川家康奠定了三百年的基業

家康死後，很順利的，日本統治大權落在他的嫡子——二代征夷大將軍秀忠之手。群雄割據、互相爭鬥的戰國時代，終於在一位有權力的將軍之下結束。從此將軍之職也成爲世襲。

日本的文武大官，不論是關白，是攝政，是將軍，在習慣上，都與天皇相仿，一概世襲。父以傳子，子以傳孫，一代代延續下去，只論門閥，而不論有沒有勝任的才幹。既得的權益絕不輕易放棄，奇怪的是，除了地位相埒的野心家之外，不會有人前來篡奪。豐臣秀吉當年亟亟地讓出關白之位，由他不成材的外甥頂他豐臣的姓，來承繼他關白的職位，理由就在此。而家康當了兩年的征夷大將軍之後，立刻讓自己的兒子秀忠來接替，也在此。名義上，雖然算是由天皇任命，但天皇早已不過是受人豢養的傀儡，誰還能不奉命行事？而其他諸侯權貴也只有俯首聽命，不敢違抗了。

德川秀忠是位老實人，比起他父親來，才具差得遠，不過「守成」則綽綽有餘。家康批評他的兒子說：「這是個木頭人，不會隨機應變！」在關原之戰時，他領著一部分重兵，監視著眞田昌幸父子的動靜，大戰開始，他居然沒有分調軍隊去接應老父，而死盯著眞田，使他失去了建立功勳的機會。他尤其怕老婆。夫人德子，是淀君的小妹，和阿姊一樣，是美人，也和阿姊一樣，脾氣非常倔強。在家裡，不斷地獅子吼，因此秀忠絕不敢有越軌的行動。偶爾秀忠一個不小心，在眾侍女之中發生不尋常的關係，只要被她發覺，除了將受孕的侍女逐出府外，並且還強迫墮胎。

秀忠嗣位之後，很忠實地執行他父親的遺規，嚴守著所留下來的「法度」，不敢踰越。首先被處罰的是福島正則。這位豐臣秀吉七支槍的勇將，在關原之戰中，請纓當了先鋒，替家康建立了首功。家康對他雖然封賞有加，但總是以客將相待。他也知趣，深悟明哲保身的道理，往往稱病不問世事。大阪方面屢次密函相招，他都將原件轉呈給家康，以明心跡。

豐臣氏滅亡之後，福島是豐臣秀吉唯一的舊部。他當然覺得不自在，因此十分謹愼小心，很怕被人懷疑他會有貳心，甚至都不敢與其他「大名」互通音問。他的領地跨越了「備後」、「安藝」兩郡，總共領有四十九萬八千石，是家康諸子以外，最大的「大名」之一。但是在家康死後三年，由於他所居住的廣島城需要修理，他於是動工，乘機添建，不料被人告發，說他違抗武家法度的第六條：「居城需要修補時，應先行請准，惟絕對不可有新築。」他不得已只好將新添的一部分拆除，但是捨不得將附屬的「二之丸」和「三之丸」一同拆掉。秀忠便毫不客氣，革去他備後、安藝兩郡之地，改調他到川中島去，由四十九萬八千石的大領域，左遷往四萬五千石的地方。正則只好遵命，五年後死於任所，得年六十有四。死後由於他是犯過武家法度的罪人，應該由幕府派人來驗明正身後再葬，他兒子不肯，在使者未到之前，就火葬了，於是又犯了法度，再一次處罰，由四萬五千石中再削減了四萬二千石。餘三千石留給了他的兒子「正利」。豐臣秀吉麾下，七支槍勇將，這時已全都下世。

家康病革，自知將死，請他最親近的兩位高僧天海、崇傳，以及他倚爲左右手的本多正純三人到病榻前，吩咐道：「我死後，將我遺骸先送到久能山，獻給神。葬禮在江戶的增上寺舉行，再在我的故鄉『三河』大樹寺裡立我的牌位，一年以後，周忌的時候，替我在日光建造一所小廟，將我的棺柩迎進去，以鎮守關東八州。」他逝世後，當然按照他的遺言一一忠實地照做。他選定日光的理由，不僅是風景秀麗，也由於地勢高曠，在崇山之中俯瞰關東。秀忠動員各地諸侯，興建他所希望的小廟，但這所小廟，據監工的大和尚崇傳送給京都的報告中寫道：「不但壯麗，並且結構之美實難描敘。」足見得在當時，已經比其他的廟宇要華麗多了。完工之後，定名爲東照宮。

將軍秀忠每年都要到東照宮去參拜掃墓。當年由江戶到日光，需要三天的日程，第一站是「岩槻」，第二站「古河」，第三站「宇都宮」。在這三站過夜之後，才能緩緩上山到達日光。宇都宮是個重鎮，扼守著通達「陸奧」「出羽」的咽喉。並且是在日光山腳下，有守護東照宮的任務。宇都宮的城主，奧平家昌突然病逝，兒子只有七歲，無法負得起這樣的重任，只好另選幹員來塡補遺缺。在眾幕僚之中，本多正純最能幹，當年家康本人都倚爲左右手的人，由他來充任最妥當不過。本多本人也喜出望外。他原本是幕賓，所受的待遇，年俸不過三萬三千石，現在能爲城主，年入可得十五萬五千石，驟然間增加了五倍，他焉能不心花怒放。不過卻有人對他發生了極大的厭惡。不是別人，而是他前任奧平家昌的母親，家康的長女，將軍秀忠的胞姊龜姬。龜姬與將軍秀忠之間手足情深，秀忠對老姊喪夫剋子的際遇十分同情，藉此機會，調她到「古河」來，可以拉近一站，照應起來方便，並且「古河」的年入，比「宇都宮」多一萬石，生活可以優裕一些。誰知龜姬住慣了宇都宮，老大的不願搬遷，這次的更調，她認爲完全是本多正純「使的壞」，搶了她的地盤。她懷恨在心，存心報復，便對秀忠不斷地說一些不利於本多正純的壞話。在幕府辦事時，本多與將軍朝夕相處無話不談，可以說是心心相印，但是調到了宇都宮之後，免不了漸漸疏遠。姊弟閒話家常時，總有一兩句會聽得進去。於是秀忠對本多的信任慢慢動搖了。

家康逝世七周年，秀忠照例要到東照宮參拜。道經宇都宮，本多早就有了準備，他爲將軍重新改建了行館，將將軍下榻之處刻意修飾了一番，由天花板一直到地板，都很用了些心思，並且爲了謹愼起見，特地新添了警衛。四月中旬，將軍夫婦以及龜姬等一行人，住宿了一夜之後，順利上了山。四月十七日是忌辰，本多等到十九日仍不見將軍由山上下來，忽然接到通知，說因夫人有病，由小路經「壬生」回鑾江戶了。這一決定十分離奇，但本多也沒有很在意。哪知四個月後，本多奉命出差到出羽，處理要案，辦完之後，將軍的兩位使者由江戶到來，傳達命令，將他宇都宮十五萬五千石沒收，他以及他兒子正勝都流配在出羽，不許回去。姑念他年已老邁，留給他伙食費用五萬五千石。但他對於將軍這份特別的恩惠不肯接受，終於經過十五年，死在配所。

他到底犯了什麼罪？是誰誣告他的？無疑的是龜姬。龜姬指控本多有謀反並殺害將軍的企圖。她提出來的可疑之點：一、爲什麼本多忽然招兵買馬，購進大量槍械？二、爲什麼要大興土木，改建行館，而行館之中，傳聞有很多奇怪的裝置？三、爲什麼營建行館要在深夜？四、爲什麼完工之後，要把與工程有關人員殺光？

龜姬這許多疑問，果然引起秀忠極度不安。他中夜不寐，披衣起身，發現所有的雨窗都開不開，自己如同被關在一個大盒子裡一樣，更引起他的疑竇。他又聽說天花板是吊起來的，只要動某一機關，整個房頂會壓下來。而浴室地板下排列著鋼刀，稍一不愼地板會翻轉，沐浴的人便成爲一團肉醬。他不敢出聲，既然已經落在本多的手掌中，深怕打草驚蛇，會激起他立刻動手，因此秀忠不動聲色，等到天明，趕快脫離險境，再也不敢循原路回去。

是不是眞的有機關能使天花板塌下來，是不是眞的浴室下有鋼刀，誰都沒有去證實。不過雨窗打不開，原是好意，上了閂之後，當然可以防範奸人從外面來偷襲，至於將軍眞的想從裡面出去的話，只須用腳一踢自然會踢開。木頭搭蓋的日本房子，哪裡能關得住人。

不過本多挨了冤枉，也是報應。他在十年前也害過一個人。那時家康還健在，同在家康幕下極受信任的大久保忠鄰，是本多最嫉視的敵手，爲了離間家康與大久保之間的關係，他不斷製造一些閒言閒語，以引起雙方的疑慮。有一天，他偵知家康將要由江戶赴駿府，途中預備在大久保的領地小田原住宿，他便買通了一位八十多歲的老翁，向家康告密：「大久保行為古怪，有不軌的企圖。」家康果然被唬住，不敢到小田原去，在一個小村鎮裡過了夜，第二天由秀忠迎接回到了江戶。

不久，大久保被派到京都，處理基督徒的騷動事件。辦完之後，幕府的欽使也到了，不但無賞，反而有罪，傳令將他充軍到近江。大久保這時正在下棋，聆聽之後，他要求容他下完這盤棋，因為一旦做了囚人，便沒有再下棋的機會了。這位伺候家康秀忠父子歷四十餘年之久的老幕賓，就此鋃鐺下獄，雖然後來逢赦，但他不願出獄，他說：「如果當初無罪，而冤枉了我，就等於證明主公的不明，因此我不願意主公有昏庸之名而被釋放。」繫獄十四年，以七十六歲高齡逝世。本多用計害了大久保，八年以後，在冥冥之中，龜姬替大久保報了仇。

豐臣秀吉晚年發現基督教的傳教，與佛教的勸人為善，有大不同的地方，是懷有侵略領土的野心在，於是開始嚴禁。但是自從德川家康掌政之後，為了獎勵貿易，與外洋通商的關係，沒有十分注意到教會的活動。放任的結果，使得教會加速發展，由九州開始蔓延，很快遍及全國，一直到蝦夷地方，都有信徒。人數在慶長五年只有三十萬，到了慶長十五年，已經接近一百萬了。

使得家康緊張起來的原因，是由於他幕府的職員裡發生了舞弊案，而舞弊的人都是基督徒。

「島原」的城主有馬晴信，是長崎「奉行」長谷川藤廣的好友。他們爲了報復一艘停在長崎港口，葡萄牙船上的水手，無故殺害了他們的部屬，便將葡船擊沉。這條船是鐵甲輪，在無國交的狀態下，有馬認爲自己是立了大功，幕府理應大大獎賞他。恰好他有一位朋友岡本大八，是幕府紅人本多正純最得力的助手。岡本答應替他說項，領回他的祖產三個郡的土地，不過需要大量的運動費。有馬大喜，付了運動費之後，緩緩等候，經過三年，只得到了家康蓋了印章的一紙文書，除此別無下文。他實在心焦，直接寫了封信給本多正純催問此事，於是全案爆發。嚴鞫之下，岡本承認家康蓋了章的文書是他偷蓋的，運動費是他吞沒的。他自知絕無倖免的希望，由於他恨透了告發他的有馬，在供詞中，也拉了有馬下水，硬誣有馬有殺害他的好友長谷川藤廣的企圖。長谷川是當朝要員，幕府不能不認眞處理，於是又將有馬逮捕。有馬是個莽漢，拙於言詞，審訊之下，竟糊裡糊塗地認了罪。幕府勒令他切腹自殺。本案雖然結束，但幕府不能不追究有馬和岡本之間的關係，他們怎麼成爲知交的。調查的結果，原來他們二人都是基督徒，有互相資助之雅。這件事使得家康大驚，因爲有馬是堂堂的方面大員，而岡本更是執掌密勿的幹部，都被基督教吸收了去，其他部門必定也有滲透分子。經密查的結果，號稱御林軍的「旗本」裡，居然有十四名是基督徒，府裡的侍女也有信教的。

家康如噩夢初醒，知道事態嚴重，等於自己的心肝肺腑操在外夷的手中，隨時都可以被他們挖走。家康從小就受過一向一揆叛亂的教訓，知道「信仰」迷人的厲害。基督教迷人的程度可能更甚於「一向」。他於是趕不及地延請了他最信任的高僧「崇傳」和尚，研究如何處置到處潛伏著的異心人。崇傳也別無他法，只有建議他從速取締，並且替他起草了一道嚴禁基督教的命令，文曰：「基督徒潛來日本之目的，不僅爲通商，實欲乘機散布邪說，擾亂我宗法，企圖化日本爲其私物……」點穿了基督教是有領土野心的邪教。

家康老來受了這一打擊，使他極度不安，幾乎懷疑每個人都可能是背叛他的基督徒。因此他甚至對像大久保忠鄰這樣的老伙伴，都會由於一個不相干的老翁的告發，而發生了迷惑。慶長十九年，他派遣了大久保到京都，命令他將在京都的一所基督教教堂焚毀，再將著名的傳教士高山右近、內藤如安逮捕，押解到長崎，然後再將他們驅逐到呂宋。家康可能是藉此試驗大久保有沒有袒護基督徒的跡象。大久保雖然處理得漂亮，但好像家康的疑團未解，終於將大久保無緣無故地降了罪。

家康處罰基督徒的方法也很絕。他將信徒裹在稻草袋裡，只露出頭來，然後一個個往上堆，堆成像金字塔一樣。壓在底下的人喘不過氣來，求死不能，雖然想唱讚美歌也唱不出調來，在難過萬分中，只要誰肯說願意改宗，就馬上釋放，寫了悔過書之後，便可以回家。但是信徒之中倔強的多，雖然受了折磨，鬆口求饒的還是很少，最後只有一批一批地將他們燒死。

當初家康只注意到貿易。那時西班牙在呂宋島建立了據點，英國開始拓展印度的資源，都有船舶往來向日本蒐購生絲。每次的買賣，家康總能得到一兩件新鮮產品，使他大開眼界，因此他極願意和洋人打交道。雖然他也知道洋人除了貿易之外，總脫不了要傳教，但他以爲二者必然可以分開。他委託到東方來尋找金銀島的「魏斯加伊諾」，傳達一封國書給新西班牙國，說明他的立場：「日本自古崇奉神佛，與貴國宗教大異其趣，以故貴我兩國無宗教上之緣分，務希以後勿再布教。惟商船之往來，與貴我兩國皆有大利，當懇繼續展拓爲幸。」

家康的貿易與宗教的分離運動，沒有得到對方有利的反應。新西班牙國不久改爲獨立的墨西哥，根本沒有再理會日本。家康逝世後，他的後繼人，由於基督教的日益猖獗，認爲洋人惹不得，不但嚴禁了基督教，連貿易也斷絕。到了寬永年間，日本開始實行了鎖國政策，與世界各國，除了中韓而外，一概不再往來。這時二代將軍秀忠雖然只是四十五歲的壯年人，卻已經告老讓位，由他兒子家光繼位了。

三代將軍家光

二代征夷大將軍德川秀忠，在四十五歲時，就將將軍的職位讓給了他年甫二十歲的兒子家光，自己樂得安然去享清福。

家光是秀忠的長子，家康的長孫。家康老年得孫，後繼有人，對這孩子十分疼愛，將自己的小名「竹千代」賜給了他。竹千代的母親德子，和阿姊淀君，有同樣的梗勁，認爲江戶是個沒有文化的鄉下地方，竹千代生下之後，她不肯在江戶就地請奶娘，非要遠巴巴地到京都去請一位有教養的名門之女來充當不可，於是動員了當時幕府派駐在京都的代表「板倉勝重」去物色。板倉居然找到一位極有來歷的女將來。她的父親是明智光秀部下大將，明智敗亡之後，一同殉難，遺下妻女二人，十分窮苦，幸而母系親屬之中，有與小早川秀秋的家臣略有姻婭的人，因此倚託過去，到了及笄之年，便嫁給了這位家臣爲妻。她小名阿福。阿福有武士血液，從小就不愛針黹，卻練得一身好武藝，會使長刀。有一天，她一人在家，一群無賴漢闖入她家，意在搶劫，不料被她連殺二賊，其餘的三個見狀，拔腿就跑，保存了她家財寶，因而英名大噪。她的丈夫有了外遇，被她發現，她便甘言蜜語地誆騙那女嬌娃，到她家裡來。乘丈夫不在，便一刀將那天真的女對頭刺死。情敵雖然殺了，但愛情也同時飛逝。她出獄之後，丈夫再也不肯重圓破鏡，二人從此仳離。她孤零零地過了半生，直到受聘爲家康的太孫的奶娘。

竹千代三歲的時候，媽媽德子又生了弟弟。這小弟比他伶俐，很得媽媽的寵愛。懼內的爸爸跟著也對弟弟有偏愛。梗脾氣的竹千代當然有感覺，知道爸媽都不喜歡他，而愛弟弟，心裡自然難過。在他十二歲的時候，有一天受了些閒氣，一時轉不過來，居然尋死，幸而被奶娘阿福發現救了下來。阿福千方百計安慰他，都扭不轉竹千代悲傷的情緒。阿福終於想出絕招來。

那時恰好已是元和元年的秋天，家康滅了豐臣秀賴，凱旋回到了江戶。阿福乘老人興高采烈的時候，不顧身分的懸殊，秘密報告了竹千代的情形。這雖然是「告御狀」的行徑，但是老人倒沒有怪罪下來，反而溫語嘉勉了她一番。過了幾天家康將兩位孫兒喚了來。《日本外史》描述會見的情形道：「公迎世子於上座，忠長（弟弟的名字）欲踵升，公曰叱叱，汝敢欲升斯座乎。坐定，供糕，公取其一命左右曰，進於竹千代，取其一投與忠長，曰阿國（弟弟小名國松）吃之。」對於兩孫，顯然的兩種待遇，很大的差別。老人不但是做給秀忠德子夫婦看，也藉此撫慰竹千代，使他增強信心。到了年底，老人回到駿府去度歲，行前他吩咐道：「明年我預備帶著竹千代上京去，在京都替他行『元服』禮。」家康這句話，雖然沒有能實踐而去世，但竹千代的身分是確定了。秀忠夫婦不敢違背老父的遺旨，在竹千代剛二十歲的時候，便將將軍之位讓給了他。

竹千代對祖父，有無上的懷慕，不但尊敬，並且感激，是他的恩人。倘若沒有祖父作主，將軍之位絕輪不到他來當。因此也不能不感謝奶娘，沒有她，誰敢冒冒失失替他去訴苦。祖父當然也不會當著眾人面，演出那齣羞辱弟弟的喜劇。奶娘的地位，在他心目中，自然比親生父母還要重要。而她的智慧也夠高，她不屑與一群女侍爭領導，卻廁身眾師傅之中，得到不少知識。她去見家康訴苦之前，就下了不少工夫。先去結交了家康的寵妾阿勝，又去結交了駿府衙門裡的大紅人本多正純，將家康的習慣、脾氣摸得一清二楚之後，才行動的。看起來好像冒失，其實計畫極爲周密，所以她才能一舉就將家康打動。

竹千代繼任將軍前，早就行過「元服」禮，取名家光。但是還沒有娶親，經人說媒，在就任爲將軍的第二年，迎娶了京都的大家閨秀，攝政「鷹司信房」的女兒房子爲妻，比家光還長兩歲。新娘過門之後，發覺早有一位難纏的婆婆在等著她。這位婆婆卻不是眞婆婆，而是奶娘。將軍這時封她爲府裡的總管，原本總管之職，應該是受夫人的節制，但這位奶娘總管反過來是要管夫人。

新娘房子，是累代爲官、文質彬彬的家庭裡長大的小姐，什麼事都循著規矩，有條不紊地處理。而這位假婆婆偏偏相反，她從小耍刀弄槍，在殺人不眨眼的武士群裡混出來的，兩者沒有一點相似之處，當然合不來。新人敵不過奶娘，只有逃走，再也不敢回來。而將軍丟了夫人，並不著急。原來他另有所歡，他蓄養了孌童，他好男色。房子夫人溜走後，他也沒有再娶，一直到三十歲，還沒有子嗣。將軍無後，那還了得，奶娘阿福自感責任重大，不能不替將軍物色一位美貌嬌娘。於是她下令募集，像選秀女一樣，聚集了不少年輕貌美的女娃，由她教育、訓練，預備將她們揉化成材時，再呈獻給將軍。其中有一小嬌娘，十分美貌，名喚阿愛，不料奶娘發現阿愛的爸爸當過國松的槍法老師，國松是「竹千代」時代最惹人討厭的小弟，老師的女兒也好不了，因此將她冷藏了起來，但是既年輕又貌美，哪裡冷藏得住。她和一個唱花旦的戲子勾搭上，兩人幽會的時候，被老婆婆撞見，小花旦在驚慌之中，躲進一口箱子裡去，老婆婆早就瞧得清楚，拔出利刃，往箱中插了進去，一聲慘叫，那位偷香客死在他自己選擇的棺材裡了。這還不算，奶娘又把阿愛扭送到她爸爸面前，勒令她爸親手將愛女掐死。

這樣凶蠻狠毒的奶娘，無論對什麼人，都會橫眉豎眼，唯獨見了將軍，會露出極慈愛的顏面來。她懂得奉承，懂得逢迎。將軍嫌飯菜不好，她便馬上增加御膳房的師傅，招請名廚，命令他們去做七種不同口味的菜肴伺候。她知道將軍愛奢華，是她慫恿將軍改建東照宮。金碧輝煌的大廟，雖然是家光的傑作，但卻是她的主意。家康、秀忠兩代將軍遺留在久能山庫房裡的六百萬金銀，在家光一代手中全部花光，是要感謝這位奶娘的幫忙。

奶娘的惡名雖然傳遍了各處，但只有將軍仍蒙在鼓裡，認爲她是一位能幹、善於辭令、體察入微、人緣極好的老太太。這時他的妹夫後水尾天皇在鬧脾氣，說要退位，要「不幹」。到底是眞心，還是作態，誰也說不清楚。是什麼原因也沒有人知道。因此非派人到京都去，跟天皇當面談一談不可。將軍認爲她最適合，她能言善道柔順和氣，必定能討得天皇的好感，乘她要到伊勢去參拜神宮的機會，命她也晉謁天皇。天皇是受了氣。在禁中及公家法度發布前，天皇行動已經受到限制。後水尾的父皇，後陽成天皇，就是因爲受了家康的管束，而決意禪位的。後陽成天皇有兩位寵愛的女官，而這兩女官都與朝廷裡的一位大臣私通，被天皇發覺，於是大怒，下令將三人處以極刑。不過後陽成天皇是一位神經質病態的人，常常會胸口發悶、目眩、嘔吐、下痢、胃裡不舒服。還會獨自一個在空屋子裡發號施令，以滿足他的至尊欲、優越感。因此家康不願將這件風流案鬧得太大，將三人流放到異地就算了。哪知天皇大不高興，認爲受了拘束，大發脾氣，拿出不合作的撒手鐗來，不幹了。

兒子後水尾天皇即位之後，這「不幹」的暗影自然會留在他心中，隨時都能仿效。本來，天皇早已沒有幹頭，無權無勢，除了與窮大臣們周旋而外，無事可做。而最困難的是手頭拮据，捉襟見肘。天皇每年的收入是四萬五千二百五十石，另外有黃金二萬六千四百兩。比起一個小諸侯的收入，連一半都不夠。而開銷則浩大。朝廷裡的達官貴人，名義好聽得很，但收入十分菲薄，最多年俸不過一萬石，有的才幾百石。皇室對這班窮官不能不津貼。但財源何處尋，不得已只好賣官鬻爵，可憐這窮官窮爵也都賣不起價錢，稍微值點價的只有紫衣。

紫衣是鑲了金邊的紫色袈裟，得到天皇敕許的才有資格披。而凡身披紫衣者，必須是德高望重、學養兼優的高僧。在僧侶界裡，這是至高無上的榮耀。起初，由於限制認眞，得披紫衣的人數極少，但是後來爲榮名所驅，想得紫衣的僧侶自不免想盡方法追求。大寺院的「住職」個個有錢，在金銀的誘惑下，天皇敕許的紫衣幾乎毫不爲奇了。

將軍的胞妹和子在十四歲就嫁給二十五歲的後水尾天皇。那時是元和六年的六月。二代將軍秀忠還沒有讓位。天皇娶將軍之女爲妻，是前所未有的盛事，幕府爲了籌備妝奩，耗了不少心血。出閣的當天，由二條城的將軍府邸，運到宮裡去的箱籠，總計三百七十八抬，價値在七十萬石以上，豪華的程度空前絕後。嫁過去之後，小兩口還能相處，四年後由「女御」冊封爲中宮皇后，並且生了一位皇女之後，接連又生了兩位皇子和三位皇女。不過天皇在和子入宮以前，早就有過妃嬪，並且也都生過子女。和子的母親是有名的妒婦德子，從來不准自己的丈夫有外遇，對這位天皇女婿當然也要管，在紀錄上看，和子入宮以後，天皇便沒有和其他女性有過孩子。但其實天皇和女官們之間，不知懷過多少胎，只可憐一個都沒有能活，不是生下來就悶死，便是墮了胎。天皇對這樣一位丈母娘既恨又怕，雖然江戶京都一東一西距離很遠，但秘密的遙控，尤甚於當面的斥責，使得天皇日夕不安。就在這當口，又爆發了紫衣事件。

這時已經是寬永四年。各寺院裡，由於供求的關係，紫衣人越來越多。當年所制訂的法度顯然鬆弛。幕府不能不管，高級幹部幾經磋商之後，決定加以整頓，於是宣布在法度公布後，皇室所頒發的敕許都一概無效。法度是元和元年公布施行的，距離寬永四年，已經有十五年。就是說在十五年間所敕許能穿紫衣的，現在全取消資格。當時就有一位學人細川忠興論道：「敕命，竟有七八十件爲幕府宣布無效，主上經此打擊，焉能不憤然以爲恥乎。」

天皇當然受不了，這是對他的尊嚴的一大挑戰，也是揭了他的瘡疤。在這樣裡外夾攻的環境下，他還怎麼能混？他唯一的解脫，是學他的父親，一走了事。這就是他鬧著要退位的主因。

奶娘興頭興腦地到了京都，由幕府駐京代表板倉重宗（勝重的兒子）替她安排晉謁天皇。她無官無位，是個將軍家裡的傭人，哪裡有資格見天皇！但是她人已經來了，奉了將軍之命進宮，板倉不敢抗命，於是臨時將她的身分抬高，算是貴冑三條西實條的妹子，替她取了個官名爲「春日局」。並且要求天皇接見她時，賞給她一盃酒，那是臣下所能得到的最高榮譽。奶娘神神氣氣地拜見了天皇，喝了那盃酒，正要開口，天皇忽然一言不發，霍地站了起來，憤然而去。天皇實在感覺受了委屈，以金枝玉葉萬乘之尊的身分，要接見一個下人，除了敬她酒之外，還要聆聽她的訓辭，太過分，太過分，天皇再也忍不住，只好退席。不但退席，天皇反覆沉思，終於下了決心退位。

十一月初八清晨，天皇召集眾大臣，要他們衣冠整齊地前來早朝，天皇有重要大事決定。天皇宣布即日禪位，傳位給七歲的皇女興子。皇后和子以下，所有的側近預先都不知內情。

興子內親王是後水尾天皇的長女，她出生以後，皇后雖然接連又生了兩位皇子，但都不幸早夭。天皇因急於內禪，不再等是否會有男嗣，先急急忙忙擺脫這受盡了德川家侮辱的天皇之位，由一半也是德川後人的興子來嘗嘗當倒楣天皇的滋味。他沒有其他辦法來抵抗幕府的壓迫。但他的禪位的確也使得幕府手足無措。幕府派駐皇室內的聯絡官「中院通村」，對天皇的處境十分同情，當幕府代表板倉問他天皇禪位的原因時，他毫不遲疑地答道：「像目前這樣的情形，天皇還怎麼能當！」他這句話傳到了江戶之後，將軍大怒，立刻將他撤了職。幕府在無計可施的狀況下，甚至想將天皇流放到隱岐島去，總算眾臣苦諫，沒有實現。結果幕府方面採取了不理睬的態度，「他（天皇）既然不識抬舉，就由他去墮落吧！」這一年就在無人過問中，無聲無息地逝去，到了第二年的九月，朝廷的大臣們看不過去，不得不向幕府質問，幕府才在萬分不情願的姿態下，批發上皇每年的生活費三千石。核定了興子內親王的即位大典在紫宸殿舉行，日期為寬永七年九月十二日，號稱為明正天皇。

後水尾天皇退位後不久，難纏的丈母娘去世。接著隱居的五十四歲的老丈人秀忠將軍也病逝。雙方不愉快的情緒漸漸淡了下來。不過將軍心裡，對他部下「中院通村」總有疙瘩。尤其他那句話，明顯地左袒天皇，使得他耿耿於懷，久久不能平復。五年以後，他終於把「中院」叫到江戶來，然後連同中院的兒子，都一起關進東叡山的大牢裡，是什麼罪，沒有說，不過一般人都猜想到，中院雖然被罷免，但他還是和遜位的天皇交往得很密，因此而遭忌。年餘之後，由於高僧「天海」的說情，將他放還京都。又有人說，將軍忽然想作詩，「天海」介紹中院說他教得最好，交換條件是請將軍釋放了他。但中院居然不肯，他說家光連和歌都還沒有作好，怎麼能學作詩！他寧可做階下囚，也不能去教一個沒有天分的將軍。結果將軍還是赦了他，服了他的硬骨頭。

十七世紀的初期，世界大局有了劇烈的轉變。在歐陸，英國在女王伊莉莎白一世治下，不論文治武功，都烜赫一時。女王雖然以七十歲的高齡薨，但英國的海運已經有了神速的發展。英國的艦隊，在女王的旗幟下，依然縱橫四海所向無敵。法國，一代賢君亨利四世雖爲瘋狂的教徒刺死，但國庫殷實，後繼的能相利希留又能平定內亂，奠定了法國在大陸的霸基。兩國之外，西班牙、荷蘭、葡萄牙都在海外四出拓地，帝國主義有了雛形。

這時思想家勇敢地揭開了科學領域的大幕，露出了智慧的光芒。英國的「培根」、法國的「笛卡兒」衝破了爲教義所蒙罩的黑暗，舊信仰不斷動搖。宗教受了刺激，滲進了新血輪，起了變化，於是新舊兩派企圖以武力消滅對方，掀起了史無前例的殺戮。

在亞洲，與日本有密切關係的明朝開始大亂。神宗逝世後，東林與非東林之間互相攻訐，引發了梃擊、紅丸、移宮三案，朝廷裡鬧得烏煙瘴氣。而關外，後金崛起，八旗兵一路南侵，努爾哈赤對明廷發表了「七大恨」誓師進犯，在薩爾滸一仗，將楊鎬所率領的四十萬精兵殺得潰不成軍。明廷從此不振，昏庸的熹宗用人不辨能駭，而滿朝文武竟沒有一個拿得出有效的禦侮辦法來。

日本在這轉變時期，卻享有了前所未見的太平。家光承襲了父祖的餘蔭，不但有完美的法度可以遵循，有忠誠的能臣供他驅使，並且府庫充盈，久能山的金銀隨他任意揮霍，他生父二代將軍秀忠死後，他更肆無忌憚，爲所欲爲。他的奶娘春日局又從旁縱慣，使他成爲日本歷史上最奢侈、最會亂花錢的君主。

他的傑作是日光的東照宮。他最感激最崇拜的人，是他祖父家康。沒有祖父，他絕對當不了將軍。爲了感謝祖父的栽培，他大興土木，將那已經號稱結構完美的東照宮拆除，重新再建，由寬永十一年開始，一直到十三年才完工，總共耗費了金五十六萬八千兩，銀百貫，米千石。就是今天觀光客所看到的日光大廟宇。

在同一年，名義上是晉謁天皇（他的外甥女）和上皇，他率領了三十萬大軍，浩浩蕩蕩到了京都。除了增加上皇的年費，由三千石一躍而爲一萬石之外，又賞賜給京都市民銀五千貫。他藉此機會，誇耀財富，大擺威風。而主要的目的，是想緩和上皇對他的不滿。但是幕府（武家）方面這類的舉措行爲，只能增加皇室以及朝廷裡貴胄（公家）的厭惡與反感。終德川之世，所謂的「武家」與「公家」之間的對立，從來沒有能化解，只有日益犀利。

家康的子女很多，但在他逝世前，年長的幾位都相繼亡故。剩下來的家光三位叔父都能安分，不敢有任何越軌的行爲。唯獨家光的同母弟國松跋扈任性，極難控制。家光從小就受他弟弟的欺凌，始終耿耿於懷。當了將軍之後，由於父母雙雙在堂，對這位桀驁不馴的兄弟仍然無法羈縻。而國松由於父母的寵愛，根本沒有把當了將軍的阿哥放在眼裡。他雖然已經受封爲駿河、遠江、甲斐三大區域的首長，擁有五十五萬石，並且由朝廷頒任爲大納言，僅次於大臣之位，但他仍然不滿足，要求將大阪也劃給他，增加待遇爲百萬石。

不過人世間，「貪」總不會有好結果。謙受益，滿招損，他最不該是去駿州淺間山裡打獵。淺間山是幕府禁殺生之地，他居然驕橫到干犯法度，並且將阻止他打獵的官吏殺害。事聞於秀忠，一向極其尊重法度的秀忠，當然大怒。雖然是極度溺愛的兒子，也不能不處罰，於是下令將他關在甲州，禁止他活動。這便給了家光報復的好機會。不久秀忠病倒，國松聞病，拜託了崇傳、天海兩位高僧，替他向秀忠求情釋放他，他發誓以後一切大小事，都由年長的家臣作主，他自己再也不管事。他雖然哀哀苦求，但兩位和尚都十分知趣，誰也不肯多管閒事。直到秀忠病逝，國松還是沒有能恢復自由。幾個月後，阿哥便將他所有的領地財產全部沒收，將他由甲州改押到高崎牢獄裡，最後又命他切腹自殺。小時像心肝寶貝似的、被父母溺愛的貴公子，落得淒慘的下場，死時才二十八歲。

家光殺了同胞兄弟，好像爲人狠毒，但似乎並不盡然。他對屬下，相當寬厚仁慈，不是無情之主。他對國松，可能另有苦衷，而不是專爲報復幼年時代所受的委屈。國松有野心，貪婪無厭，若不將他及時除掉，將來遺患無窮。當年家康殺豐臣秀賴的道理在此，唐太宗自殘手足的道理也在此。

家光對他的奶娘春日局，可以說是仁至義盡。家光親生父母相繼去世之後不久，奶娘也病重。家光寫了一封信，勸她服藥，這封信至今留存，情詞懇切，無論是誰看了都會感動。信中寫道：

很久以前，你發誓不吃藥，是爲了使我吃藥能加倍有效。我現在不是來勸你吃藥，而是前幾天，由於家綱生病，我看護他，免不了累著了。接著你又生病，我怎麼能不急，所以爲了我，你一定要吃藥，恢復你的健康，否則我也會吃不消。這完全是爲我而不是爲你自己。請你務必聽話，倘若你硬是不肯，而有了三長兩短的話，人都會怪我沒有盡心呢！

家光爲什麼要寫這樣奇怪的信，是因爲他在二十六歲時，染上了天花，病勢十分嚴重。身爲奶娘的春日局急壞了，於是對神發願，情願將她生命中應得的針藥方面的恩惠，全部移給家光，叩請神只救助，醫好家光。她若有病，她絕不吃藥，絕不針灸。後來，家光果然好了。因此這次生病，她堅不肯服藥。

她死後，家光爲之累日不歡，甚至每月對他祖父例行的祭拜，都爲之撤除。家光又起用了她的兒子爲老中（幕府中高級幹部），封他爲小田原城主，年俸有八萬五千石，是天皇收入的八倍有餘。

家光不僅對春日局給予特殊待遇，對其他老臣也一樣寬厚。酒井忠勝、土井利勝、青山忠俊等三人，都是他祖父授意他父親二代將軍秀忠任命的。三人個性不同，酒井穩重誠實，土井聰明，青山剛直，代表了仁、智、勇三種迥然不同的德行。家康特地選他們三人來輔佐家光，使得他們能影響他的爲人，而家光的確也能重用他們。剛直的青山脾氣最急躁，家光若不聽他的進諫時，他會將腰間短刀扔到隔壁房間裡去，裸了上身，奔到家光面前，厲聲說道：「您要是不聽我的話，就先斬了我的頭，然後您愛怎麼做就怎麼做！」青山這樣的態度，家光也能忍受。

有一次家光生了病，將政務交給酒井暫時代理。病癒後，他發現樣樣處理得有條不紊，感欣之餘，他留了一張條子給酒井，現在也還留存，文曰：

余日昨小恙，萬事承蒙代辦，感何可言。足下以誠相待，使我感愧，此後有關一切政務至希發抒高見，推誠賜教。凡足下以爲可行者，即請見告。余茲對神明發誓，今後對足下絕對信任，務懇竭盡欲言。

他愛微服出巡，一天，他走進「目黑」村邊的一座小廟裡休息，和廟裡的住持閒談時，發現原來這所廟是一位道號淨光院的老尼所興建的。而這位老尼不是別人，是被他母親趕走的父親的舊情人靜子。靜子被逐出府門時，已有身孕，幸而爲將軍的屬下保科正光所收留，孩子生下後，將軍不敢公然來認，只好從了保科的姓，算是保科的兒子，取名正之。家光意外遇到了自己的親兄弟，除了厚賞老保科之外，立刻將原來老保科的封地「信州」的三萬石，轉移到「山形」的二十萬石，並且重用了保科正之。

本來作爲一國之尊的將軍，常常微服是不太妥當。一次，他去察看自己養獵鷹的地方，事先沒有通知，就闖了進去。守門人不認得家光，連忙攔阻喝道：「將軍的養鷹場，誰敢亂闖。」說著提棍便打，幸而隨從趕來，及時阻止。守門人知道闖了大禍，嚇得魂不附體，「算了，不要難爲他！」家光吩咐他的護衛，不但沒有責罵要打他的人，反而嘉獎了。

他的屬下也十分愛戴他。清晨寒天，他外出時，穿的鞋總是暖暖的。他覺得奇怪，很久以後才發現是酒井將鞋摝在懷裡，免得他穿時冰腳。他頓然悟到他個人無謂的嗜好，可能引起許多麻煩，使他的屬下不安。他從此不再微行。

歷史上評論他，認爲家光能繼承父祖遺業，信守法度，勤政愛人，雖然他將兩代以來所積蓄的金銀用光，使得幕府財政開始困難，但仍不失爲賢主。不過他對基督徒的處置，比以前更加嚴厲，引發了九州一帶的大亂，導致了所謂的鎖國政策，幾乎二百有餘年間，日本沒有與世界各國往來。

九州的「島原」與「天草」兩處，本來都是教徒生息之所。很早以前，西洋來的神父傳播福音，感化了純樸的老百姓。他們受了洗，成爲虔誠信徒。九州離京畿腹地相當遠，何況那時正當群雄爭霸時期，誰都沒有閒工夫來管人民的信仰行爲。一直到豐臣秀吉進攻九州的時候，才發現了問題，開始取締，而信徒們一向採取殉道精神，逆來順受，寧被燒死釘死，也不抵抗。據估計在二十五年間，被官方殺戮的信徒不下三十萬人。

「島原」本來的藩主是有馬晴信，一個虔誠的信徒，甚至派過人訪問羅馬教宗。但在岡本大八案中被牽連，冤冤枉枉地被處死。他的後任由松倉重政遞補。「天草」本是小西行長的根源地。行長參加石田三成的政變，兵敗被擒，由於信教，不能自裁，被拖去遊街後，梟首示眾。他的後任由寺澤堅高接替。

松倉、寺澤兩人都不是基督徒，並且由於受了幕府之命，對於崇信天主的教徒要勒令改宗，否則嚴辦。而這一區的老百姓幾乎清一色都是信徒，要全區的人改宗，談何容易，從何下手煞費周章。因爲信教的人不怕死，做了殉道者，反而可以升天。最後想出來的辦法是課稅，凡是不肯改宗的，就課稅。養一頭牛要上稅，生孩子要上稅，家裡有爐子要上稅，窗戶也上稅，棚架也上稅。在這萬稅之下，老百姓還是不肯改宗，而正巧這時九州地方連年荒歉，到處饑饉，餓莩遍野，民不聊生。小西行長的舊部在這樣情形下，忍不住了。他們沒有追隨小西之後而自殺，因爲他們也是基督徒，但都是置生死於度外的浪人武士。一天一個老百姓的女兒被捕，官吏把她剝得光光之後，再把她活活燒死。老父當場發狂，動手格鬥，於是一鬨而起，釀成了暴動。

說也奇怪，在二十多年前，一位名叫馬可斯的神父在「天草」被驅逐出境的時候，對信徒們預言道：「將來會有一個十六歲的童男在此出現。他生有異稟，通曉教義，能顯奇蹟。天上的飛雲紅得像燒焦了一樣，地上發出聲音。這時每個人的額頭上現出十字，山野裡飄揚著白旗，基督教吞噬了所有的異教，上帝來拯救萬民了。」這段預言，在信徒中，父以傳子，子以傳孫，流傳了十幾年。他們傻傻等候這一天的到來。小西的部下這次抓住機會，找出一個十六歲的孩子來，舉旗反了。他們推舉這孩子爲總大將，取名爲天草四郎。總大將之下設有侍（武士）大將、鐵砲（洋槍）大將、軍師、總務等職位，都由小西的舊部充任，儼然是一個有組織的團隊。

在島原城下，他們立了一面白旗，旗上畫了一只巨大的銀杯，裡面有一個圓形太陽，中間有個十字架，杯子的兩旁跪著天使樣的人物。在這不倫不類的旗幟下，居然立刻擁集了三千人。島原的城主松倉重治這時到江戶參加定期朝拜，守城的家臣不敢進剿，只好關起城門以求自保。鄰近的各藩受到法度的限制，不能隨便出兵，於是在這擾攘期間，本來集合三千人的叛軍，現在已經增加到兩萬三千餘，鐵砲三千挺了。

幕府接到告急的報告之後大驚。那時已經有了二十多年的太平，眞正作過戰、有經驗的武人十分稀少。於是遴選了一位在大阪之役中出過力的板倉重昌領兵去討伐。重昌是板倉勝重之子，重宗的弟弟。老板倉曾經在京都坐鎮二十年，是家康倚爲左右手的人物，雖然早於十年前亡故，但他的政績深爲幕府當局所稱道。尤其他在京都處理基督徒案件，恩威並施，成爲對付教徒的典範。小板倉雖然地位不高，但到底他是武將出身，習於兵旅，同時可以仗乃父的餘威，使得叛徒慴伏。

板倉到達時，島原城早已被叛軍攻破占領。板倉動員了九州各地諸侯的兵丁圍攻島原城。在第一回合中，便被守城的老百姓殺得大敗。第二次的總攻擊，從夜裡開始，一度衝到城牆邊，還是被石塊槍彈擊退，死傷無算。各地集合來的部隊欺板倉官小，不甘受他的節制，在不能齊心合力的狀況下，每次進襲，都被叛軍擊退。板倉心焦如焚，這時他又接到幕府的通知，大將松平信綱已經率領援軍到了京都近郊。他如再打不下島原城，而讓一位文臣的松平奪了首功，豈不是顏面喪盡！這時已是寬永十四年的元旦，他於是下令辰時總攻，但是聯合軍的一部，「有馬」，偏偏不聽號令，偷偷在寅時搶先攻城。如果眞能得勝，倒也罷了，不幸敗下陣來，並且驚動了城中的叛軍，他們發覺幕府方面將大舉來犯時，立刻加緊準備，板倉軍來襲，正好中了他們的埋伏，幾乎全軍覆沒。板倉大怒，命令各路兵丁聯合出擊，居然沒有一個聽他號令的。他率領了少數親兵依然前衝，守城人大呼；「大將單騎來啦！」一塊巨石向他擲去，正中他的頭盔，又一槍貫穿他的前胸。可憐的板倉，不但沒有能立功，反而喪命於不倫不類的基督旗下，是時五十一歲。

板倉悲壯殉職後四天，松平信綱到了。差不多在同時，去江戶參加定期朝拜的九州各地的藩主也都集合，聽候信綱的調遣，總兵力有十二萬人，將小小的島原城團團圍住。

松平信綱是家光手下最親信的家臣之一，從九歲開始，就當了家光幼年時代的伴侶。家光小時，看見大殿的屋頂上麻雀做了窩，央求信綱去捉小鳥。但是大殿是個重要的所在，怎麼能准許孩童爬上去玩耍，只好等到夜深人靜時去捉。不料在視線模糊、暗黑之中，信綱失足跌了下來。雖然沒有跌傷，但驚動了將軍與夫人。將軍責問他：「是誰教你去捉雀子的？」信綱知道如說了實話，家光一定會受罰。他於是答道是他自己想要。將軍知道他撒謊，將他裝進一個口袋裡，繫在柱子上，不招供出來的話，便不准飲食。信綱居然忍受到底，始終不招。將軍無奈釋放了他，卻對夫人說道：「這孩子，將來倒是家光的忠誠家臣！」

家光當了將軍之後，立刻任命他爲「伊豆」的太守，補爲「老中」（幕府高級幹部），這時奉命出征。他雖然從來沒有打過仗、作過戰，是一位從事案頭筆墨的人，但誰都明白他是將軍的心腹重臣，沒有人敢不聽他的調度，於是全軍肅然。但是他的戰略和板倉迥然不同。板倉是武人，免不了要硬碰硬地逞一時之勇，松平卻知道這批叛黨早就橫了心，不預備再生還，跟他們死鬥，必然傷亡甚眾，於是他想如何軟化他們的敵意。因此他先按兵不動，只令大軍將島原城圍得水洩不通，並不接戰。他發現在九州「肥後」的監獄裡，關著天草四郎的一個親戚，連忙把他放了出來，命他帶了一封勸降的文告到島原城，辭句寫得十分婉轉，答應叛徒赦免他們的罪行，並且保證他們改善行政上的各種措施。城裡的老百姓，一方面由於對藩主們毫無信任，另一方面叛亂以來連戰皆捷，並且殺了幕府的大將，氣焰大增，因此對於勸降文告，不但未生軟化之心，反而認爲幕府方面知難而退。

松平見一計不行，又生一計，恰巧這時有一條荷蘭軍艦停泊在天草附近。松平便請荷艦幫忙，砲轟島原城。荷蘭那時剛剛脫離西班牙的統治，艦長又是新教徒，邀他去攻打一個他所痛恨的西班牙舊教徒所培植的黨羽，自然何樂而不爲。他慨然允諾，下令他艦上的十五尊砲對準島原城發射，一共發出了四百多枚砲彈，雖然也毀壞了城牆一角，但沒有能摧陷要地，島原城依然屹立。松平空歡喜了一場，但是他發現炸藥的威力，於是挖掘地道埋進炸藥，準備炸毀堅固的牆根，但又被守城人發覺，灌入大量的穢水臭尿，使得藥粉失去效力。

相持兩個多月，城內早已糧盡，在羅掘俱窮的狀況下，城中守將不能不冒險出來奪糧，可憐他們都已是多日未進食的人，體力自然不支，被幕府軍圍剿後全殲，幕府軍並乘勝追擊，終於城破，兩萬多人全被屠殺，只留下一個臥底的奸細，名叫山田右衛門。這眞是一將功成萬骨枯，松平消滅了兩萬多名基督徒之後，當然又升了官，不過這一次的經驗，使得他親身領略到基督徒的頑強，如果縱容他們發展蔓延的話，必然會成爲不可制的力量。而若要禁教，就要先禁止洋人入境。這就是幕府當局所得到的結論。

幕府在這次島原、天草之亂後，決心採取鎖國政策，所謂鎖國者，就是不與洋人打交道。自從十七世紀初，由於海運漸漸發達，歐洲各國發現了美洲大陸之後，冒險家便不顧海難的危險，四出拓地，尋覓新刺激，偶爾也會漂流到日本來。日本的老百姓對於這些闖進來的異類，一向和善相待。一開始分辨不出他們是那一國人，到了慶長年間，才發覺他們之間還有很大的差別，並且互相仇視。這種情形是洋人自己暴露出來的。本來荷蘭商人偶爾到日本來時，便會以高價購買生絲，並且以日本不出產或稀有珍物來交換，被家康知悉，因此也十分鼓勵洋人到日本來，甚至將漂流來的船員留在日本，給他們官職，命他們替他建造船隻。但是不久又有一位西班牙駐呂宋島的總督卸任歸國，遇到颱風，被吹到日本海岸，船破不能續航，也由家康延見。而這位總督對荷蘭商人極表厭惡，力勸家康不能跟他們有任何交易，說他們是海盜、是匪賊，卻要求家康開放那時剛剛實行的禁教。家康恍然大悟，原來洋人相互之間有很大的差別、很深的嫌隙與矛盾。而兩相比較之下，所謂的海盜，似乎對日本倒沒有什麼大害處，反而是來宣導福音的傳教士十分可怕，因此對於荷蘭商人有比較良好的印象。

家康逝世後，二代將軍秀忠恪遵先人的遺訓，嚴禁傳教但開放貿易，特闢長崎爲貿易港口，容納洋船出入。除了荷蘭船外，與荷商競爭最烈的是葡萄牙人，他們是舊派天主教徒，除了做生意之外，免不了夾帶著宗教色彩，船上經常有神父祈禱。這當然是幕府當局所最疑忌的。在這次島原、天草大騷動之後，幕府毅然下令不准葡船入境。從此除了中國、荷蘭而外，其他任何國家的船隻都不准入境，直到培里的黑船闖入，兩百十七年間，日本沒有和世界各國有過來往。

被日本拒絕往來的葡萄牙人當然心有未甘。本來生絲的買賣幾乎是他們獨占，獲利甚豐，但是曾幾何時，被荷蘭分潤，已經使得他們十分不快，並且剛在去年爲他們在長崎港外興建的出島，給他們有一個固定的憩息之所，使得他們誤認爲日方饗以特權，不意忽然遭到驅逐，使他們大惑不解。經過一年後，他們於是又由澳門乘船來到，要求日方恢復以往的待遇。幕府卻毫不客氣，將船焚毀，船上六十一個葡萄牙人全部斬首。

葡萄牙不肯死心，七年後，他們又派了兩條戰艦，要求通商，幕府有了準備，九州各地奉幕府之命，調兵遣將嚴陣以待，堅守鎖國原則，絕不妥協，葡艦只好退走。

日本是不是眞的鎖了國？實際上又不盡然，十七世紀像萬花筒，不斷轉變。自從卡斯提爾女王伊莎貝爾資助哥倫布，發現了新大陸之後，刺激了冒險家的航海熱，最熱心於海外拓展的國家，當然莫過於卡斯提爾的後身西班牙了。西班牙國王菲力普二世娶了葡萄牙公主爲后之後，奄有西、葡兩國，聲勢甚盛，他企圖囊括當時海外的貿易。荷蘭本來是西國北鄙的一省，荷蘭商人從葡京的「里斯本」將葡國從南洋得來的貨品，主要是肉桂、丁香等的香料，轉運到北歐牟利，但是菲力普二世對於荷蘭的臣民十分不滿，因爲他們是新教徒，爲了迫使他們改宗天主教，便禁止他們再來利用「里斯本」港口。頑強的新教徒卻不肯屈服，一方面醞釀獨立，另一方面自己也去尋求在南洋的基地。被他們找到了巴達維亞，不但取給香料十分方便，並且四季風和日麗，土人友善馴服。他們駐屯下來之後，建立了東印度公司，營業蒸蒸日上，在極盛時期，商船有一百五十餘艘，戰艦四十艘，兵卒十萬名。他們在海上橫行，遇到葡國的商船便去虜捉，抗拒的就擊沉。在七年之間，葡國商船被荷艦虜去或擊沉的，不下一百五十艘。荷蘭那時的勢力範圍包括了日本，日本自以爲是鎖國，實際上是受了荷蘭的包圍，被荷蘭獨占了生絲貿易。

荷蘭獨占了日本的生絲貿易，幕府早就有了默契。在一個買主與一個賣主的情形下，容易統治。九州各地的藩主以及「大阪」或「堺」的商人都無從插手。幕府官吏只須將生絲統購之後，等候荷蘭船隻到來，便全部銷售過去，形成一種非常簡單的國營事業，由荷蘭方面交換來的東西，除了金銀之外，便是新式的槍砲武器。因此幕府的武力，隨著貿易的發展，而日益犀利，當然比只有刀劍以自衛的諸藩要強得多。在武器懸殊的狀況下，說明了諸藩縱然對幕府當局不滿不服，但誰都不敢公然反叛，這也是日本保持了太平的主因。

荷蘭對日本的影響從此日益加深。起初日人只限於貿易上的需要，學習語言，但後來發覺荷蘭人並不亟亟於傳道，而對於天文、地理以及槍砲的製造，甚至御馬術，都比他們以前所知的要專精得多。於是開始試驗翻譯他們認爲不含宗教毒素的書籍，從此日本有了所謂的蘭學。長崎成爲學習蘭學的中心。

日本雖然鎖國，卻沒有斷絕和中國往來。不過中國已經發生了極大的震撼。明廷自從熹宗即位，在一位極其昏庸的君主之下，乳媼客氏和她的姘夫假太監魏忠賢做盡了壞事，使得朝綱大亂，殺害了不知多少忠良義士。熹宗崩後，崇禎帝嗣位，雖然一心想勵精圖治，但國事已不可爲。盜賊紛起，釀成爲四竄的流寇。關外，努爾哈赤的後人，一個個精幹智勇，不但會用兵，還會用間，於是戰必勝攻必克；又由蒙古人手中取得了大元的傳國璽，更增加了他們入主中原的信心。改了他們後金的國號，稱爲大清。流寇張獻忠、李自成也都是聰明人，官軍狠，他們就降就逃；官軍弱，他們就叛就搶。朝廷往往認爲他們同是子民，不肯狠下心來痛剿，在撫剿不定的情況下，流寇日益壯大，終至不可收拾。在京師陷落的前夕，純良的皇帝發出狠勁，眼看著自己的皇后自縊，再將心愛的眾妃嬪一個個砍死，最後叫了十五歲的公主來，狠狠說道：「你爲什麼要生在我家！」順手揮刀砍斷了她的左臂。皇帝瘋狂地殺了他家人之後，登上萬歲山，在壽皇亭裡，「披髮御藍衫，跣左足，右朱履」，自縊而死，明朝便這樣亡了國。三十年前，淀君和秀賴的下場結束了豐臣氏，慘酷的程度也相彷彿，不過究竟他們是咎由自取。與一心想做堯舜之君，反而冤冤枉枉地亡了國的崇禎帝不同。歷史上似乎只有一位君王能和他相比，那便是一百餘年後，被他心愛的人民砍了頭的法國國王路易十六。

大陸上的風暴日本竟毫無感覺，島原、天草之亂後，一批浪人武士受了刺激，認爲幕府政權不爲人民所擁戴，在暗中蠢蠢欲動，但表面上又恢復了平靜。

上皇後水尾，自從悍妒的丈母娘德子逝世之後，恢復了他拈花惹草的自由，在寬永十年與貴族藤原氏之後、名喚光子的女侍生了男嗣。雖然不是正室所生，但孩子的母親身分高貴，上皇很有意思培植他這小兒子，不過一時不好說出口來。和子卻非常賢慧，豁達大方，絕不像她去世的母親。知道丈夫疼愛幼子，便勸女兒將皇位讓出。正好這位女天皇已經當了十幾年菩薩似的傀儡，厭煩得不得了，樂得趕快重獲自由，便在寬永二十年禪位，讓給了九歲的皇弟紹仁親王，是爲後光明天皇。

和子勸女兒遜位的決定，是得到阿哥家光將軍同意的。由於這賢淑的中宮皇后的斡旋，使得本來陷入半僵局的皇室與幕府之間的隔閡，現在完全解消。

大陸方面的情況，還是亂得一團糟。崇禎帝壯烈殉難之後，繼之而來的是異族入主中國，朝代換了。八旗軍顯然是乘人之危，占了很大便宜，設若沒有吳三桂迎降，滿清不可能這樣順利兵不血刃地入了關。再設若沒有洪承疇替多爾袞當先鋒，多爾袞也必不能這樣順利地敉平群寇。所以這些明朝的貳臣對滿清確實立了大功，因此明朝的遺臣怎麼能心服。

不過明朝的君臣也太不爭氣，明知福王是位淫昏庸闇扶不起的阿斗，史可法偏偏會放棄他立賢的主張，而去附和立親的馬士英。一著錯滿盤輸，史可法死，還賠送了被屠城十日的揚州。

福王垮了之後，太祖的九世孫唐王被海盜出身的鄭芝龍兄弟擁戴，在福州建立了基地，那時明朝的湖廣總督何騰蛟在長沙，收撫了流寇幾十萬人，和清兵對峙。在江西，舉人楊廷麟募集了民兵二萬餘人，不但能守並且反攻，殺退清軍，奪回了吉安。何楊兩股軍都與唐王呼應通消息，所以聲勢不能算不大。但是芝龍是個貪鄙小人，誅求無厭，唐王封他爲南安伯，又轉封他爲平國公，並且將籌集兵餉的大權也交給了他，但他仍然不滿意。洪承疇是他同鄉，都是福建泉州人。洪早就派人和他暗通，勸他投降，許他高官。芝龍正在躊躇的當口，爲了一件要求，唐王沒有肯答應，他便通知洪決定歸順清朝，自己帶領所部，馳赴泉州，讓清兵襲入，將唐王虜去。唐王不食而死。明朝最後的一點希望又幻滅了。

芝龍當年做海盜時，流亡在日本「肥前」，娶了田川氏之女爲妻，不久日婦有孕，芝龍沒有等孩子生下就離去，七年之後才將母子領回，孩子初名森，後改爲成功，十五歲時送到南京，師事錢謙益，當時的大儒，成功很受到了忠君愛國的思想。他本來就是個很有血性的青年，自從追隨唐王之後，十分忠誠，唐王也喜愛他，賜姓朱，拿他當子姪輩看待。因此他對於父親的行爲極端不滿，由於屢諫不聽的緣故，使得父子感情破裂，影響了他們父子共同策畫的大方案。

成功從小生長日本，說得一口好日語，雖然被接來中國，但一直倚隨母親，日語始終甚爲流暢。由於語言上的便利，芝龍曾經命他試與日方聯絡，希望日方出兵援明，經過多少周折，居然被他打通和幕府之間的關係。幕府雖然並無偏袒任何一方的意向，但失意的浪人武士卻聞風起舞，有躍躍欲試的企圖。但是聽到芝龍降清、福州陷落的消息後，幕府便回絕了成功的要求。

長江以南一帶還有戰鬥，亡明在做最後的掙扎。日本這時表面上太平得很，三代將軍家光才不過是四十餘歲的壯年，但已經頗有老態。慶安四年春，他得了病，自知不起，承繼他的孩子只有十一歲，無從擔負重任。幸而他異母弟保科正之幹練忠誠，以及由他一手提拔起來的松平信綱穩健多才，都可以付託大事，在他臨終的時候，特地請了正之到枕邊，重重地將幼子家綱懇託給了正之之後，便溘然長逝，行年四十有八。

庸闇的家綱

三代將軍家光死後遺下來的嗣子家綱，只是一個十一歲的孩子。資質也平庸，是個傻呼呼聽人擺布的小傀儡，但是還是被天皇任命爲第四代的將軍。家光所遺留下來的老臣雖然都十分忠誠，但一國三公合議制的政體，究竟不是一個強有力發號施令的中心。

在島原之亂中，幕府暴露了弱點，顯然的幕府沒有將才。爲了敉平小小的叛眾，都要耗費好大的力量，幾乎動員了全國之軍，損兵折將之後，靠著洋人的大砲、臥底的奸細繪圖，圍困了孤城整整四個月，才將城攻破。野心家將幕府顢頇無能的形象看在眼裡，哪裡能不覺得有隙可乘呢！

家光死後三個月，便發生了一樁推翻幕府的陰謀事件。主角是「油井正雪」。他這一陰謀規畫完美，步驟嚴密，幾乎可以用來做「苦迭打」的範本，但居然沒能成功，證明人算不如天算，德川朝的氣數未盡，以致一個完整的政變功敗垂成。油井正雪以及他的黨徒全部就逮，從此武士之間不再有叛亂。茲將油井正雪的叛亂計畫略述如下：

油井正雪是「駿河」一家染色店老闆的次子。從小聰明伶俐，他父親送他到附近的臨濟寺裡去學佛，當時的風氣，寺院是求學之所，除了經典之外，還藏著不少各種書籍。正雪在群書之中，發現了一本寺裡已故的老「住持」所遺留下來的兵書。這位老和尚是以前駿河守護今川義元的軍師，義元戰死後，當軍師的只好落髮爲僧，但始終沒有放棄對兵學的研究。在這本書上密密麻麻加註了不少自己的解說。正雪捧讀之後如獲至寶，由於老「住持」本名大原雪齋，因此正雪爲了紀念老和尚的註解，改了他自己原有的名字：將雪字嵌入，換成今名。並且從此捨「佛」就「兵」，還了俗。到江戶，索性開館授徒，大講其兵學起來。居然成爲兵學專家，有了名氣。到了寬永十八年，江戶發生大火，很多繁華區域都燒成一片瓦礫。正雪在災後漫步中，忽然從燼餘裡撿到一本楠正成所著的兵書，當時他如同受了電擊，大觸靈感，這是天賜。從那天起，他便冒稱爲楠氏之後，極度秘密地造了楠氏的譜系，繪製了楠氏菊花和水紋的家旗，以及一把刻有楠氏紋章的短刀，一併裝在一口古老的箱子裡，偷偷埋進一棵老松樹根下。經過若干歲月，他的弟子越來越多，聲望也越來越高。他爲了取信於徒眾，便假託老祖宗楠正成來託夢，命他將寶物挖出。於是他選了一天黃道吉日，在眾目睽睽之下，從老松樹根之下，掘出那口古色古香的箱子來。打開來時赫然是楠氏的信物。圍繞在旁的眾人看得目瞪口呆，沒有人膽敢再懷疑他不是楠家的後人了。

楠正成是三百餘年前擁護後醍醐天皇復辟的忠臣，雖然沒有成功，但他的忠勇與智謀贏得了萬人景仰。後醍醐天皇的際遇十分坎坷。開頭，天皇是想擺脫北條幕府的擺布，最後又受到足利尊氏的欺凌，不能不屈服於足利幕府之下，怏怏而終。楠正成則更是冤枉，他竭盡心力，在艱苦中勤王，屢建奇功，摧毀了北條幕府之後，卻又被足利幕府所乘，而最令人不解的是，天皇在緊急時候，居然沒有肯採用他穩妥的作戰策略，而去相信殿前的一位腐儒，反而命他率領幾百名老弱殘兵，去擋十萬叛軍，說是將有天助。天助並沒有來，楠正成就這樣力竭而死。這段史實家喻戶曉，是「長使英雄淚滿襟」的恨事。無論是誰，沒有不對這位勤王的英傑寄以無限同情，也沒有不對反覆無常的幕府痛恨的。勤王倒幕的大業越是不成，越是令人想倒幕。

這一潛伏著的心理狀態，在戰國時期，由於幕府滅亡，也同時消逝。家康最初重新開創德川幕府時，由於他的威望、他的武功，任何人都不敢違抗，只有服服貼貼歌頌統一太平。他所制定的法度，雖然對皇室加以限制，但一般老百姓沒有任何感覺，公卿大臣們也不敢非議。不過經過了五十餘年的太平盛世後，形勢大變。幕府偃武修文的政策，使得武士們沒有飯吃，高高在上的將軍生活日益豪華奢侈，官僚政治不斷腐化下去。由於不斷徵稅，老百姓在猛如虎的苛政下討生活，當然對當政者興起了怨恨，於是很自然地思念起三百年前勤王倒幕的楠正成了。

油井正雪被公認爲楠正成之子孫後，聲名大噪，在他門下的弟子竟達五千之眾，其中很多是浪人武士，但也有身分很高，甚至與將軍有姻戚關係的貴冑，聞風而來，願屈尊與他為友的大有人在。環繞在這樣的境遇裡，正雪免不了得意忘形，誘發了他的野心，於是暗地裡計畫推翻他認為已經不堪一擊的幕府政權。

正雪雖然自以為精通兵學，但並不是耍刀舞劍的能手，他如起事，非要一位武藝高強的人相幫不可。在他眾弟子之中，有一浪人武士，名喚奧村八郎右衛門。由他介紹，結交了一位會使十字長槍的武將丸橋忠彌。此人甚是了得，一桿槍飛舞起來，出神入化，百十人近不得他身，但卻十分不得意，在幕府的一個職員家裡開了道場，授徒為生。正雪和他相交之後，極為投機，二人一文一武，共圖大事。

慶安四年春，將軍家光病逝。正雪認為幕府慌亂之際，是奪取政權的最好時機，於是發動。步驟如下：訂在七月二十九日，分在江戶、大阪、京都三處同時起事。總部則設在駿府他的老巢，以便易於發號施令。江戶的叛軍由丸橋率領，他的任務是引誘十一歲的小將軍出來後，將他綁架而去，然後到久能山，占領金庫。誘拐的步驟，是由丸橋率領最精銳的賊眾，穿著將軍家的制服，打著將軍家畫有葵葉形花紋的燈籠，一面放火，一面嘴裡喊著「救火，救火」，在江戶城內到處亂闖。另外一群則打著德川宗室家的燈籠，也一樣，一路大喊救火，一面散放火種，在混亂中再在火上澆油。在全城驚慌之中，再大叫：「保衛將軍的禁衛軍來了，請將軍出宮，火燒過來了，快躲到紅葉山上去。」這時如果將軍的轎子出現，便去將護衛全部殺死，將小將軍劫往久能山去，另外一支洋槍隊一字排開，擋住前來援救的眞官軍。

在京都也用同樣方式奪取二條城，在大阪，則到處放火，乘亂去搶糧倉。

七月二十一日，正雪率領了他幾名心腹，穿著德川宗室紀州侯爺家臣的制服，裝扮成出差的官人，大搖大擺地由江戶出發，來到駿府，二十四日抵達，住進一家豪華旅館。這時離約定各地起事之夜，只剩四晚了。忽然有人緊急來敲門，是駿府地方上的捕快，說道：「要檢查由江戶來的一個受了傷的人犯。」正雪慌張起來，託說生病不能出來，捕快堅決叫開門，命令住宿的人即刻到衙門裡去。雙方相持了一夜，熬到了天亮，正雪開門露面。捕快向他一望，認出果然是他，和幕府發下來的公文中所敘的一樣：「矮身材，夾白的臉，低額頭，厚嘴唇，一雙靈睩的眼睛。」正雪這時的神情卻非常鎮靜，說道：「好，既然要到衙門去，讓我穿好衣裳。請各位等一等。」然後他回房，很久也不出來，捕快衝進去看時，橫七豎八，倒在地上的是正雪和他心腹們的屍體，全部切腹自盡了。

第二天清晨，江戶的一群捕快掩到丸橋忠彌的家裡，包圍之後，爬上房，喊道：「火，火」，丸橋來不及穿衣，由家衝出問道：「哪裡起火？」話還未了，已經被捉牢。他的老婆機警得很，看見丈夫就逮，連忙將家藏叛徒名冊投入爐子裡燒掉。

幕府當局怎麼發覺這項陰謀的？說來簡單。是介紹丸橋和油井正雪相識的浪人奧村所告發的。奧村雖是浪人，但他的胞兄權之丞卻是松平信綱手下的得力家臣。奧村發覺正雪有異謀之後，不敢不對乃兄從實招供出來。權之丞大驚，於是轉呈松平，由松平發出逮捕令，及時將這次大暴動撲滅了。不過由於名單被毀，株連的人無從查清，反而冤枉地逮捕了很多人，處死的竟達三千之眾。

這次事件之後，幕府風聲鶴唳，草木皆兵，凡有火警時，都以爲又發生叛眾。而尤其是因爲正雪在自殺前，在旅舍裡留下了一封遺書，寫道：

> 現今武士與百姓皆苦於苛政，志士能臣憤慨遁世者，比比皆是。貪佞之輩。如酒井忠勝者，實爲國家之巨憝大惡，此若不除，何以能長治久安……

他死前還血口噴人，誣告了這位能幹多才的酒井，使得酒井深不自安，不久便稱病求去，其實他並沒有什麼病，二十餘年後，才以七十六歲的高齡逝世。

酒井忠勝去後，足智多謀的松平信綱死了。幾年以後，忠誠幹練、將軍的叔父保科正之也告老還鄉。再過兩年，阿部忠秋因病罷職。三代將軍家光手下的老臣，除了一位酒井忠清之外，非死即老，都不在位了。

家光時代，忠清年紀最輕，這時他已經累遷爲幕府中地位最高的「大老」，是宰輔之位。酒井忠清雖與酒井忠勝同宗，但並非本家，性格也迥然不同。忠清的作風十分專斷，但也不能完全怪他。由於將軍懦弱，遇事唯唯諾諾沒有主見，任何案件請示時，總是不得要領，答道：「就這麼辦好了。」他的屬下因此送他一個雅號：「就這麼辦將軍」。在這種情況下，忠清便不能不越俎代庖，大權自然而然地集中到他手中，形成了炙手可熱的局面。在他府門前，一清早便有一大群求官獵爵的人擁來，輿馬之眾，途為之塞。因此為了方便交通起見，不能不在附近立一塊大木牌，上寫「下馬」兩個大字。於是老百姓便給他也取了一個綽號，叫他為「下馬將軍」。他確實握有將軍之權，如果他有篡奪之心的話，應該是輕而易舉。但是他沒有這麼做。這位庸闇的四代將軍家綱卻有福氣，年輕的時候，由能幹的叔父以及他父親留給他的幾位老臣忠誠輔翼；中年時，又有一位替他作主的酒井忠清處理一切。除了江戶城遭遇了一場大火，燒成一堆瓦礫之外，幾十年都安安靜靜地過了。

對岸的明朝，苟延殘喘地經過將近二十年的彌留，終於斷氣了。迎接清兵入關的吳三桂，將依靠他的桂王全家殺害，完成了他在歷史上的叛逆罪行，將明朝最後的一點光明熄滅了。

但是明朝的遺臣並不全像吳三桂那樣全無心肝。尤其手無寸鐵的文士，不斷地以投降韃虜為恥，試用各種策略來反清復明。有了鄭成功向日本求援的前例，舟山的守將黃斌卿也想師法，派了他胞弟孝卿前往日本乞師。孝卿的友人，餘姚朱之瑜，是一位世代書香、胸懷大志的儒生，由於國破家亡的關係，流遯海外，到過日本。孝卿以不諳日本國情，堅邀同往，之瑜欣然接受。哪知孝卿到了長崎之後，便被日方專為華人所設的商業區所迷惑，在繁華環境裡，貪戀酒色，樂不思蜀，將原來的任務忘得乾乾淨淨。而最可惜的是由之瑜所接洽成功的日援：「由日方發罪人三千、日方已廢置不用的明洪武錢數十萬，功成之後，再洽還。」但由於孝卿的行為浪蕩，日方看穿他絕不能成事，於是將已經議定妥了的協約臨時反悔。雙方因此不歡而散。不過之瑜卻從此與日本發生了不解緣。日本這時雖然已經採取了鎖國政策，但是長崎一地依然開放為商埠，華人可以出入。明亡之後，之璵不願淪為亡國之民，寧願流亡日本，度其孤苦伶仃的生活。

在日本，之璵邂逅了一位略通漢學的藩士，名安東守約。兩人筆談之後，守約對之璵的博學廣識極為傾倒，願拜之璵為師。而這時之璵正孑然一身，舉目無親，偏偏又資斧用罄囊空如洗，意外地得到這樣一位異國弟子，使他有久留之願。守約將他俸祿的一部分獻給之璵作為束脩。之璵得到這位弟子的資助，勉強度日，不過守約不能長期居住長崎。他只是一名小小職位的藩士，需要回到他就業之地的柳川。柳川有他的家，他有心將之璵迎接到他家中居住，可以隨時照應。但是之璵婉謝了。他知道幕府的法令不准許外來人雜居內地，他不能使他的弟子犯法。守約雖然再三請求，他卻寧願獨居長崎。但不幸，寬文三年春，長崎發生大火，全城燒成焦土，之璵的寓所也被波及，他自己受了灼傷，總算保得性命，被收容在僧舍廡下。但他依然從容治學，對於多舛的命運無動於衷。這時桂王已於兩年前被弒，鄭成功已死，復明的希望完全沒有了。

之璵已是六十開外的老人，心如死灰，在極端潦倒之中，忽然逢到奇遇。德川家康最小的兒子德川賴房，封於水戶，他逝世後，傳位給他第三子德川光圀。光圀是位有心人，風聞到亡明有很多人逃來日本，特派一位儒臣名小宅生順，到長崎訪求碩德耆儒。生順訪到了之璵，傾談之後，大為拜服，於是探問道：「若有奉先生為師者，願東遊否？」這對之璵異常意外。當年他來日是向日方乞助，現在反而要請他為師，雖殊非本意，但時移境遷，復明無望，現在如能為日本移風易俗，也是大好事。於是改變了他二十年來的耿耿此心，答道：「興學設教為國家大典，極為重要，不過以我才德菲薄，何能作師，至若招我，不論祿而論禮，則視其意如何了！」生順得到答覆之後，立刻回報江戶，光圀大喜，便去奏明幕府，特聘之璵為國師，由長崎官吏護送東上。歷史上累代都有中國的高僧為日方邀請傳授佛經。但儒生為日本禮遇的，之璵是第一人。

光圀崇儒的由來

邀請朱之瑜出任日本國師的德川光圀，算來應該是四代將軍家綱的叔父。在多妻制的時代，三宮六院不算稀奇。德川家康的妻妾很多，因此生了不少子女，總共有男十一、女五。他十七歲的時候，長男信康已經出世，是他嫡妻所生。最小的兒子，第十一子，光圀的父親賴房，是六十一歲時生。

德川家康的諸子，年輕時代所生的都是武將，除了二代將軍秀忠比較和平穩健之外，其餘都是豪邁急躁性格的人。但是老來所得的幾位幼子，由於干戈已息，個個是文謅謅的儒生。雖然同是一父所生，但時代的推移，影響了他們的性格。

家康的元配，號稱築山殿，是關口家的女兒。關口與今川有姻婭之親，今川在田樂狹間之戰，被織田信長殺死之後，築山殿始終對信長不諒解，而家康又深怕信長會對她發生誤會，將她送到鄉間，對她十分疏遠。而築山殿是位有血性的女丈夫，受到家康的冷遇，免不了又遷怒到信長，只有向她的兒子信康時吐苦水。信康是個孝子，母親的境遇，他無限同情，暗地裡將她接回到城裡，和他同住。不料鑄成了大錯。他的妻室是織田信長的女兒，八九歲時就締結了這門親事，丈人信長雖然很賞識這位英武的女婿，但是兩小之間卻不斷勃谿。尤其婆婆被接來同住之後，婆媳之間又發生齟齬，往往爲之不歡。有一天母子閒談，母親讚許兒子的智勇，能在危急之中殺退武田的大軍，是凌駕他父親以上的將才。不過她接著又說：「這場仗，倘若咱們不去幫織田，而去幫武田，不是就可以將織田打垮，占據他的領域了嗎？」她這話，不料被隔著紙門的媳婦聽見，小媳婦不聲不響地連忙將這一段對話飛函報告她的父親，並且列舉了信康十二項罪狀。織田覽後大怒，勒令家康殺妻、殺子。那時家康的羽毛未豐，需要織田的支持，無可奈何，只好命令他們母子二人自裁了。信康死時才二十歲。

次子秀康比信康小十五歲，在這十五年之中形勢起了絕大的變化。家康依了織田信長殺妻殺子的要求之後，得到了織田的信任，二人結爲盟友，聯合在一起，共同出擊，幾乎所向無敵。他們所忌憚的武田信玄病死。不久將軍足利義昭也逃遁，室町幕府從此消逝。

秀康生後，日本已是織田的天下，家康由於結盟的關係，一直受信長的厚遇。哪知在秀康十八歲時又發生了突變，信長被弒，織田的天下轉眼間換成豐臣秀吉的天下。而由於秀吉刻意地想結交家康爲友，於是認了秀康爲義子，很受寵愛。那時秀吉大權在握，朝廷的名器由他任意頒授，秀康連連不次地受到封賞，養成了他驕縱的脾氣，連父親的管束都不放在心上。對這位驕縱的兒子，家康雖然一時沒有辦法，但另有人替他解決了問題。恰好這時「結城」無後，結城是個極有來歷的姓氏，藤原家的支族，戰國初期出過鋒頭，也挨過嚴重的打擊。到了結城時期，居然將中落的家道振興了起來，豐臣秀吉攻打北條的時候，他也立了功，受到了封賞。因爲沒有子嗣，深怕結城氏斷了香火，要求在秀吉的諸子中撥一位爲嗣。而秀吉那時並無子嗣，膝下只有養子秀康一人，他無奈只好將秀康過繼了給結城。沒有料到十三年後，家康奉命爲征夷大將軍，無法將將軍之位傳給結城秀康，只好由弟弟秀忠襲任。秀康對於命運的戲弄萬分懊惱，當初原以爲是得到了殊遇，到頭來反而是厄運，他焉能不快快。因此對於當了將軍的胞弟不免妒忌，常常表現出不禮貌的行爲，不過不論是家康或秀忠，都對他優容，他是唯獨一個不受法度拘束的特權人物，幾年以後，他以三十四歲的英年病歿。

三子秀忠承襲了將軍。四子忠吉、五子信忠都早逝無嗣。老六忠輝是家康四十九歲時生。出生時，面貌漆黑，一雙吊眼，模樣凶惡，抱來給家康看時，家康十分嫌惡，命令將這孩子扔掉。但是家臣「皆川」將孩子撫養了下來，恰好德川有一家遠親無後，便由忠輝承繼了過去，當了信前「松代」城的城主，也領有十八萬石的俸祿。忠輝長大之後性情古怪暴躁，撫養他成人的老臣「皆川」也管不了他，甚至於還要被他辱罵。他寵信了「能舞」裡的戲子花井三九郎。花井仗勢欺人無惡不作，老臣「皆川」看不下眼，免不了要去警告，花井卻不聽勸，反而反唇相稽，兩人之間於是越鬧越僵。「皆川」不得已只好上告到家康。「皆川」控訴的對象雖然只是花井，但實際上牽涉到忠輝。等於說忠輝偏心，不分黑白，處置不當。忠輝的娘，「茶阿」，是家康的寵妾，自然要袒護兒子，家康禁不住枕邊人委婉地替兩位年輕人申辯，結果反而判「皆川」沒有盡到輔佐幼主的責任，冤枉幼主交友不慎。於是罰他誣告，褫奪了他的俸祿。這件事後，忠輝的驕縱更甚，他的屬下畏之如虎。元和元年他二十三歲，適逢大阪之戰，他奉命出征，但他居然沒有去參加戰鬥，貽誤軍機。家康已經十分不高興，後來又聽人報告，行軍的時候，將軍部下的幾員將校打著將軍的「旗本」旗號，越過他的行列急馳而去時，忠輝認為是對他無禮，居然派人追趕，將這幾員將校殺了。家康大怒，忠輝不過是一名小諸侯，竟敢殺將軍屬下的將校，「我現在還活在世上，他已經敢如此，我若死了，他對將軍的威嚴更不會放在心上！」於是下令將他軟禁起來。忠輝雖然運用了各種方法紓解老父之怒，都不成功。不久家康病篤，他要求到病榻前見一面，也被拒絕。元和二年家康逝世，三個月後，將軍秀忠便將他流放到「朝熊」，並將他的領地沒收。忠輝終於抑鬱而亡。

家康的七子松千代、八子仙千代都早夭。九子義直生時，家康已屆花甲之年，那時關原之戰結束，群雄慴伏，家康開始有偃武修文之意。十子賴宣、十一子賴房出生後，局勢穩定，他們在太平盛世中長大，受的是儒家教育，他們的行為態度謙和恭順，與他們的兄長完全不同，在心理上更有差異，對中國禮義之邦有無限的憧憬，儒學因此成為風尚。日本的武士蒙受了一層高文化的外衣，變了質，將以前純粹殺人不眨眼的凶蠻行為，染上了道義的色彩，漸漸成為「俠風」的「武士道」。

九子義直首先延請了一位中國儒生陳元贇來講學，那時清兵已經入關，八旗軍任意燒殺，將繁華的江南北蹂躪得一片焦土。凡是受過孔孟薰陶的日本學人，沒有不扼腕嘆息，認爲中土是爲夷狄所侵，對滿清不但憎恨，也很輕蔑他們的野蠻。受到陳元贇教誨的義直，當然更是憤憤，也影響了他的兩位弟弟對滿清的評價。十子賴宣是個文武雙全的公子，雖然沒有機會讓他顯露他領兵殺敵的本領，但在島原之亂與油井正雪陰謀發生時，他都出過主意，替幕府解決了很多難題。十一子賴房是比賴宣小一歲的同母弟，從小文質彬彬，深通漢學，教育他諸子督責很嚴，希望他們能知書達禮，成爲謙和的君子。

光圀是賴房的第三子，生得俊秀端正，一表人才，小時一個江湖相士偶爾在他們府門前走過，看見了他，大爲驚嘆，預料此子必將名留千古。他五歲時，將軍家光派遣了幕府中的要員，協助賴房在他諸子之中選擇一人爲嗣。他的兩位哥哥都十分緊張，深怕失儀。唯獨他態度安詳，毫無所謂，客人來時，將他抱起，他也大大方方將盤子裡的果食送到客人面前。要員回去報告後，家光便決定由光圀承襲他父親，爲水戶的藩主。此事大出意料，舊禮一向傳長，但將軍既然有此意旨自當遵從。

光圀小時和其他孩童一樣，也相當頑皮，但由於在文雅環境之中長大，變得極爲謙恭。尤其他知道被膺選爲繼承人之後，非常不自安，覺得對不起他的長兄。他讀到《史記》裡的〈伯夷傳〉時，大有感觸，他自己的情形和叔齊相似，卻不能像叔齊那樣讓位給伯夷。因爲將軍之命不敢違，使他徬徨懊惱，不過經過反覆思考之後，讓他想出一個兩全的辦法。他父親逝世之後，舉行嗣位典禮時，他在亡父靈前，鄭重地對在場的諸兄弟親屬朋友宣告，自己雖是越序襲位，但古禮不可廢，以後仍將按照傳長的舊法，由他傳給他長兄的長子承繼。他這一謙讓行爲博得各方喝采。他待人寬厚，樂善好施，人望極高。而自從四代將軍家綱當政後，他是將軍的叔父，幕府當局對他更加敬重，凡是他所建白的，無有不從。寬文五年，光圀以隆重之禮，延請了朱之瑜到了江戶。之嶼已經是六十六歲的老人。

佛教傳入日本，這時已經超過五六百年之久。佛徒的行徑除了少數的高僧而外，大都腐化頹廢，生活糜爛，不但是酒肉和尚，並且擁有三妻四妾，成爲特殊階級的人物。尤其貴族之間的風尚，到了退休的時候，爲了求來生的福祉，便削髮誦經修行。他們除了將原來經手的各種繁雜事務不再管理之外，世俗間的各樣享用依然保留。各大寺院或者還能保持清淨，但各地私建的小廟宇則藏汙納垢，無所不爲了。至於武士之間盛行的坐禪，原本是藉「禪」力以養成對「空」的心理準備，視生死於度外，這時坐禪也美化起來，成爲休閒的藉口。

而儒家在日本，雖然孔孟的教義，幾乎所有讀過一點書的人都知道，是聖賢所傳授的做人典範，但是宋明大儒程、朱、王陽明等的正心窒欲、窮理明性等的學說，還毫無所聞。之瑜與光圀接談之後，光圀茅塞頓開，使他發現了儒學的眞髓。在萬分傾倒之下，拜之嶼爲師，自稱弟子，又不敢直呼姓名，由於之嶼出生地有一條河流曰舜水，於是依中國歷代名人以地名爲稱號，尊爲舜水先生。

這時明朝已亡，大清的八旗軍入據中原，轉眼間已經二十年。康熙帝以沖齡即位，英明過人，一切納入正軌，形成了一個穩固的政權。舜水心如止水，既然光圀延為上賓，禮遇有加，舜水也只有竭盡心力，徐圖報效。不過一介書生哪能有什麼奇術，唯有從移風易俗下手，改變當時日本的頹風。他委婉地建議光圀，先將他藩內的淫寺禁絕，漸漸再化除奢靡習俗。光圀接納了他的意見，並且立刻行動，下令拆毀不守清規的佛庵，一年之間廢掉三千餘所，勒令三百多名僧徒還俗。經過這次的清掃，佛教各宗派都為之耳目一新，有如暮鼓晨鐘一樣驚醒了日本各地的寺院，興起了一片自清運動，很快地恢復了莊嚴。

舜水自奉極儉。光圀雖然盡心供養，但他還是蔬食飲水，過著他刻苦的生活。光圀幾次三番勸他納妾，以便於侍奉，他總是婉拒。澹泊寧靜的氣度，使得他周圍的人無有不敬仰，而他學問之淵博更令人驚訝，除了日講程朱之學外，諸凡天文、數理、歷史、傳記、文物、鳥獸花草等問題，他都能解答。到了寬文九年，舜水已屆古稀之年，自覺年老神衰，堅請回到長崎去，光圀不得已只好遵從，他行前，在水戶城樓鑄了一口大鐘，請他作銘，留作紀念。他慨然應允，銘曰：「天開地闢，斯鐘則鳴；萬籟猶寂，鍧鍧震驚；宵衣求治，巇巇鸞衡；君曰咨爾，如何民生；臣曰吁哉，王田民情；文王追蠡，逌駿有聲；逌求厥寧，樂觀厥成；垂謨萬禩，永勒鴻名。」

這口鐘，至今還留在水戶。

除了鐘銘之外，舜水建議光圀依照中國古禮製作各種祭器、用具，如簠、簋、豆、登、鉶之類的物件，在中國早已失傳，一一重新仿造，將中國文化從日本復興起來，舜水的用心實在良苦。他回到長崎之後，又會集了他以前的諸弟子，將古禮演習傳授，使得經歷三百多年殺伐風氣的日本，化成極講禮儀的國家，「禮失求諸野」，本來中國是禮義之邦，由於舜水的努力傳到了日本。

到日本的延寶九年，舜水已經八十有三，老病侵尋，不勝起坐，他自知將死在日本，特地預先做了一口棺材，漆下好幾道漆，留下遺言：「我自誓非中國恢復不歸，逆虜敗亡後，我子孫或欲請歸葬，而棺槨朽敝，則非徒二三子之羞，亦日城之玷也。」

他心心念念是想歸還到自己的「逆虜敗亡後」的祖國。逆虜是敗亡了，但他的子孫也把他忘得乾淨。可憐的骸骨至今留在異域，沒有任何中國人去理會。但在日本卻年年有人爲他舉行紀念祭。儒風繼續流傳，日本成爲多禮的國家，不能不說朱舜水有很大的貢獻。

日本天和二年四月十七日朱舜水逝世。光圀接到訃告，痛悼不已。光圀眞誠地敬愛他這位師長。舜水心胸廣闊，恂恂然是儒者的典範，影響了光圀的爲人，光圀的一舉一動，幾乎也能做到非禮勿視、非禮勿言、非禮勿聽的程度。延寶元年，他甚至於要興建一座大成殿，以演習釋奠之禮。不過由於耗費太大，大成殿雖然沒有能造成，但是小規模地將廳堂改築之後，還是命令群臣舉行了一次釋奠大禮。

到了元祿年間，光圀年老辭仕，歸臥水戶，自稱西山隱士，除了撰寫很多有關歷代史實的書刊之外，並且整理了朱舜水的文集，自署門人源光圀輯。元祿十三年歿。

他死後遺愛民間，後人編纂了不少有關水戶黃門的小說戲劇，敘說這位黃門微服出巡，訪問民間疾苦，替老百姓申冤破案的事蹟。黃門就是光圀，他官任中納言，黃門是中納言的別稱。

實際上光圀所遺留下最大的影響，當然是儒學，而由於儒學產生了崇神尊王的堅強不移的信念。孔子尊周，與日本的尊奉天皇完全一致，因此水戶學派，兩百年後，竟成爲反幕的精神支柱了。

光圀所創立的弘道館，有他所撰的文章，說明了宗旨。原文如左：

奉神州之道，資西土之教，忠孝無二，文武不歧，學問事業，不殊其效，敬神崇儒，無有偏黨，集眾思，宣群力，以報國家無窮之思，豈徒祖宗之志弗墜，神皇在天之靈亦將降鑑焉。

由這篇文章裡，雖然沒有反幕的痕跡，但由於敬神報國、忠孝無二等的字句，證明他心目中只有天皇，而無幕府。光圀忠實於舜水的教誨，得到了儒家的眞義，由於尊王的思想慢慢醞釀，水戶派成爲反幕的中心，應該是光圀——德川幕府中長大的光圀——始料所不及的了。

日本史話——近古篇

2021年2月三版　　定價：新臺幣290元

著　　者　汪公紀
校　　對　呂佳真
封面設計　翁國鈞

出版者　聯經出版事業股份有限公司
地址　新北市汐止區大同路一段369號1樓
叢書主編電話　(02)86925588轉5305
台北聯經書房　台北市新生南路三段94號
電話　(02)23620308
台中分公司　台中市北區崇德路一段198號
暨門市電話　(04)22312023
台中電子信箱　e-mail：linking2@ms42.hinet.net
郵政劃撥帳戶第0100559-3號
郵撥電話　(02)23620308
印刷者　世和印製企業有限公司
總經銷　聯合發行股份有限公司
發行所　新北市新店區寶橋路235巷6弄6號2F
電話　(02)29178022

副總編輯　陳逸華
總編輯　涂豐恩
總經理　陳芝宇
社長　羅國俊
發行人　林載爵

行政院新聞局出版事業登記證局版臺業字第0130號

本書如有缺頁，破損，倒裝請寄回台北聯經書房更換。　ISBN 978-957-08-5709-2 (平裝)
聯經網址 http://www.linkingbooks.com.tw
電子信箱 e-mail:linking@udngroup.com

國家圖書館出版品預行編目資料

日本史話　近古篇 / 汪公紀著 . 三版 . 新北市 .
聯經 . 2021.02 . 232面 . 14.8×21公分 .
ISBN　978-957-08-5709-2（平裝）
[2021年2月三版]

1.安土桃山時代 2.日本史

731.255　　110001528